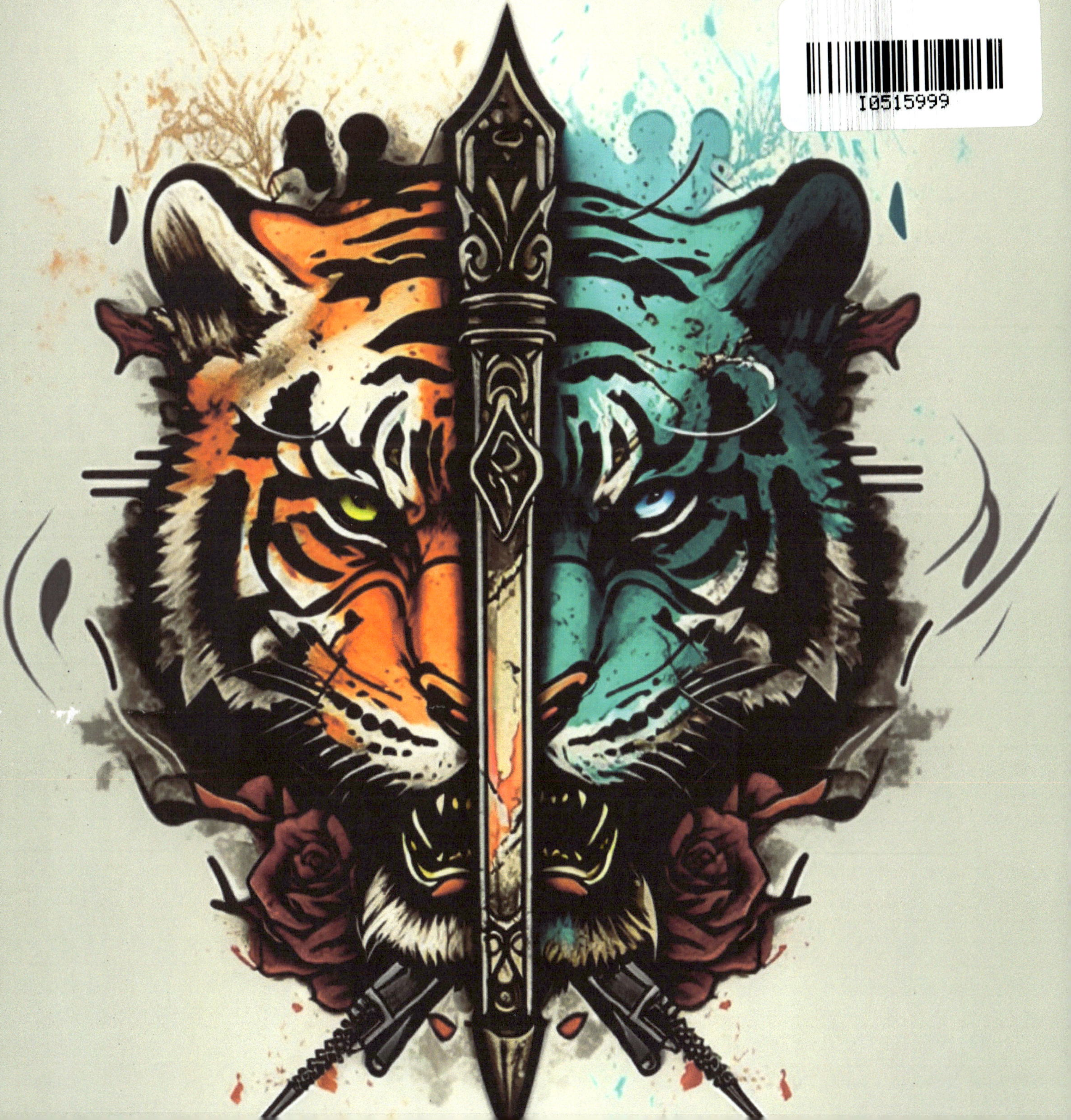

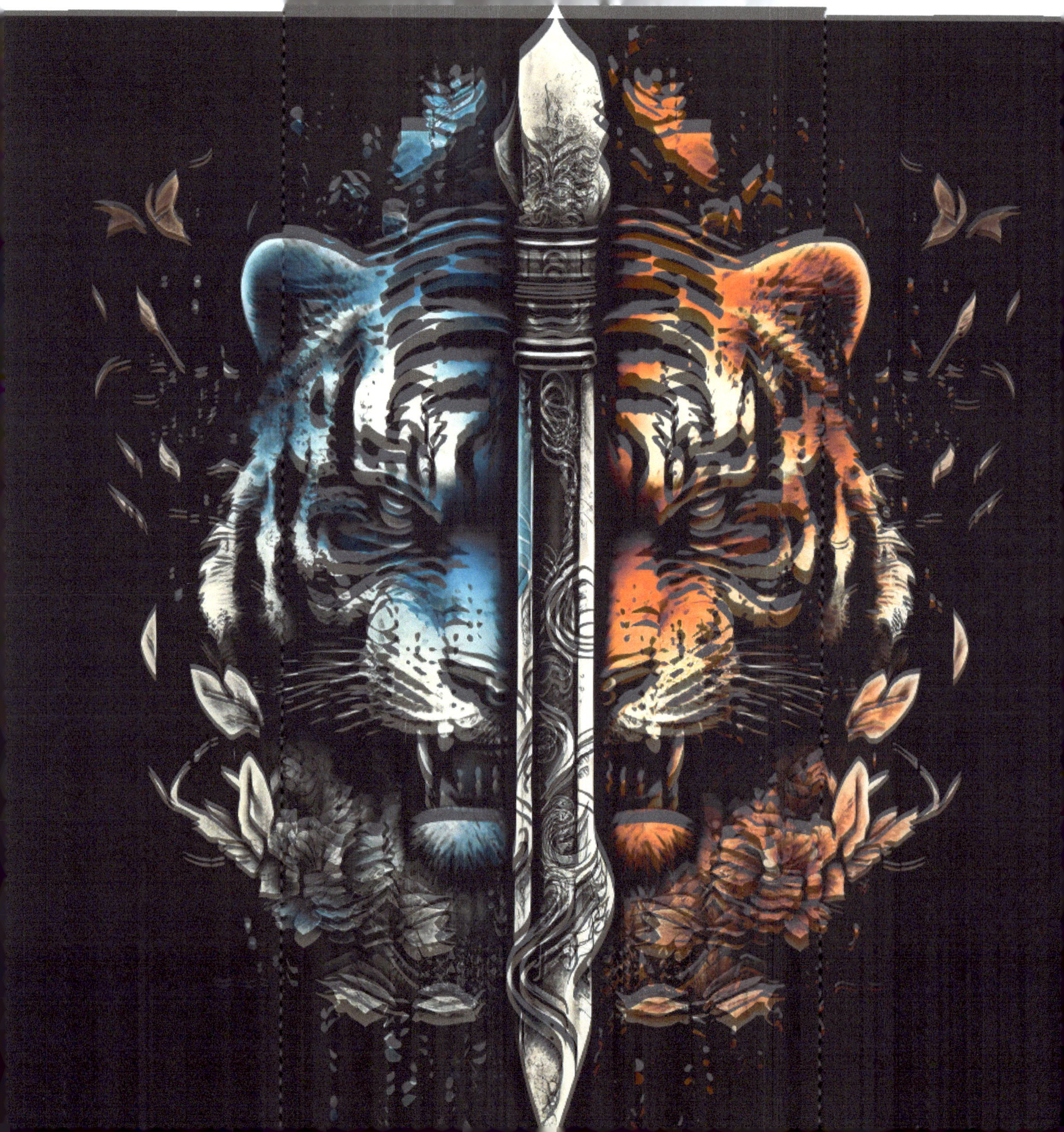

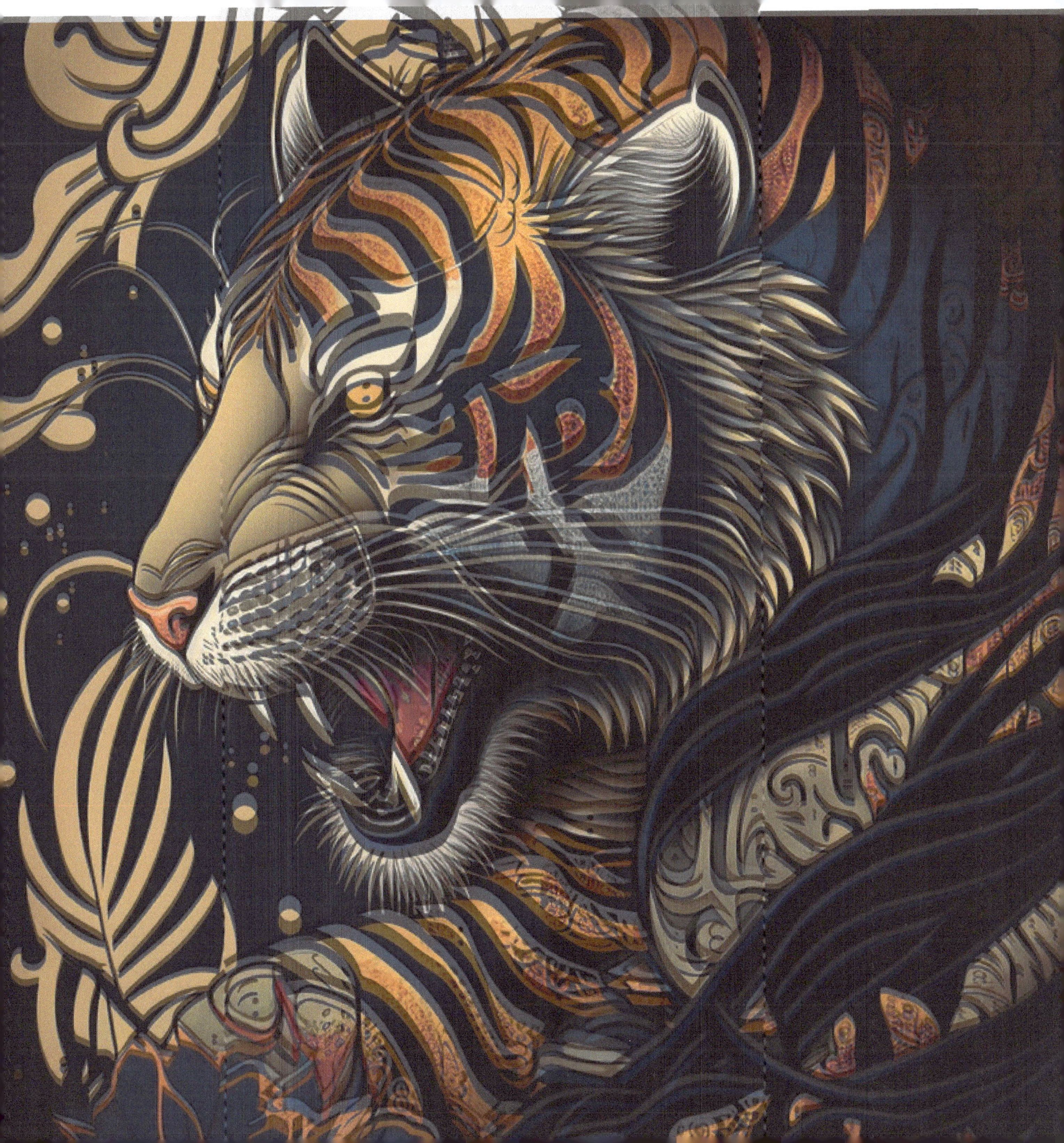

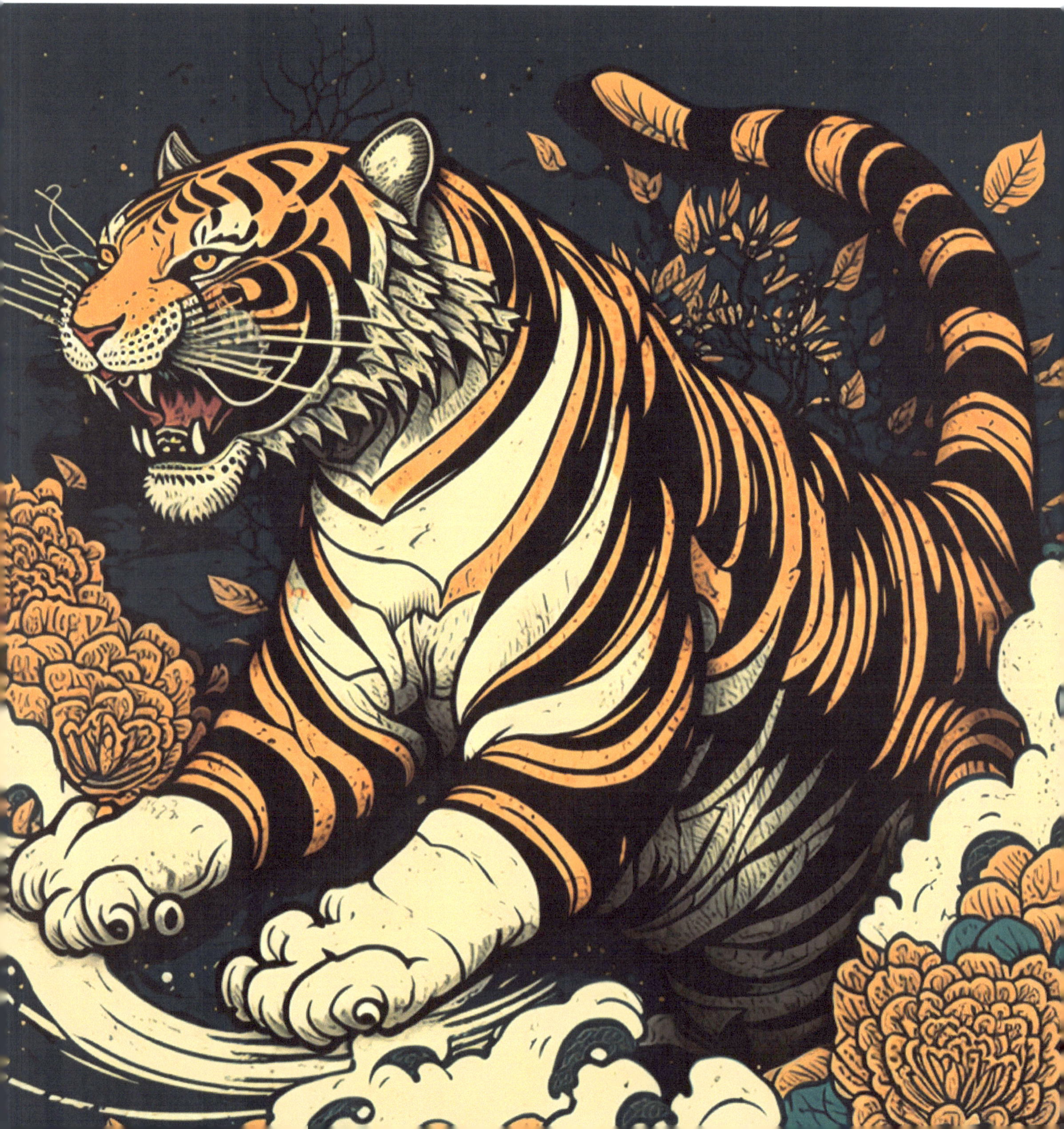

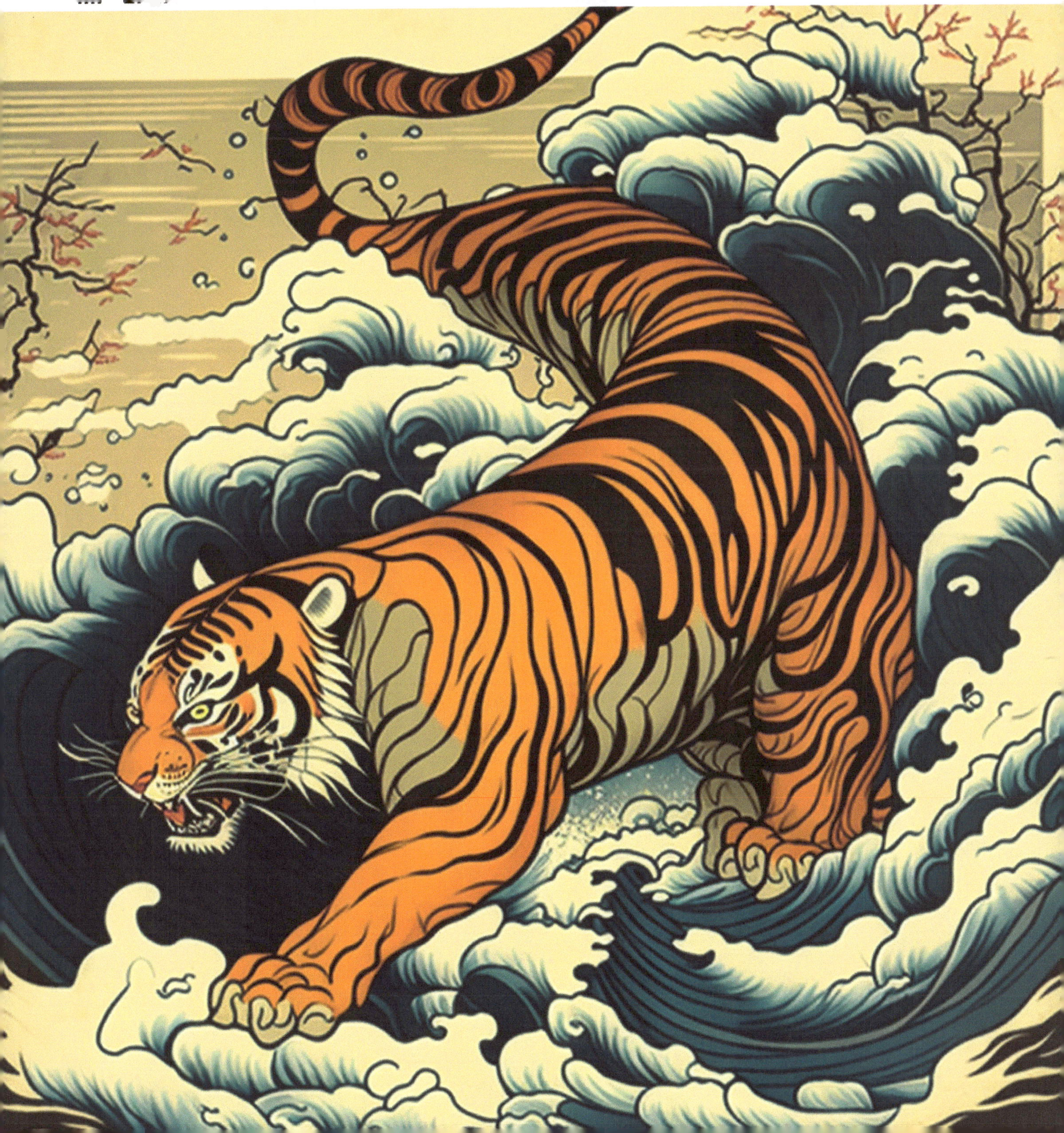

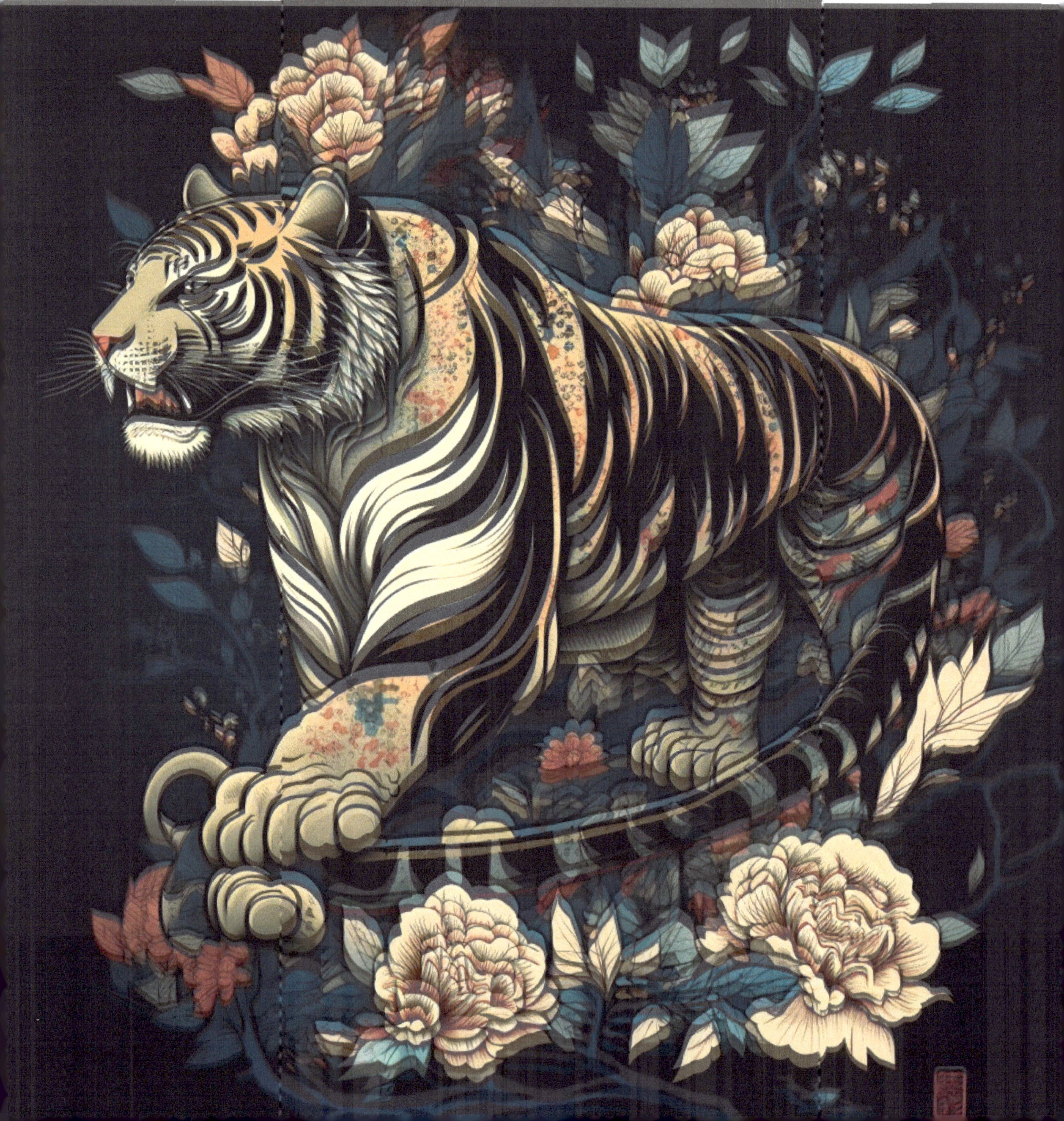

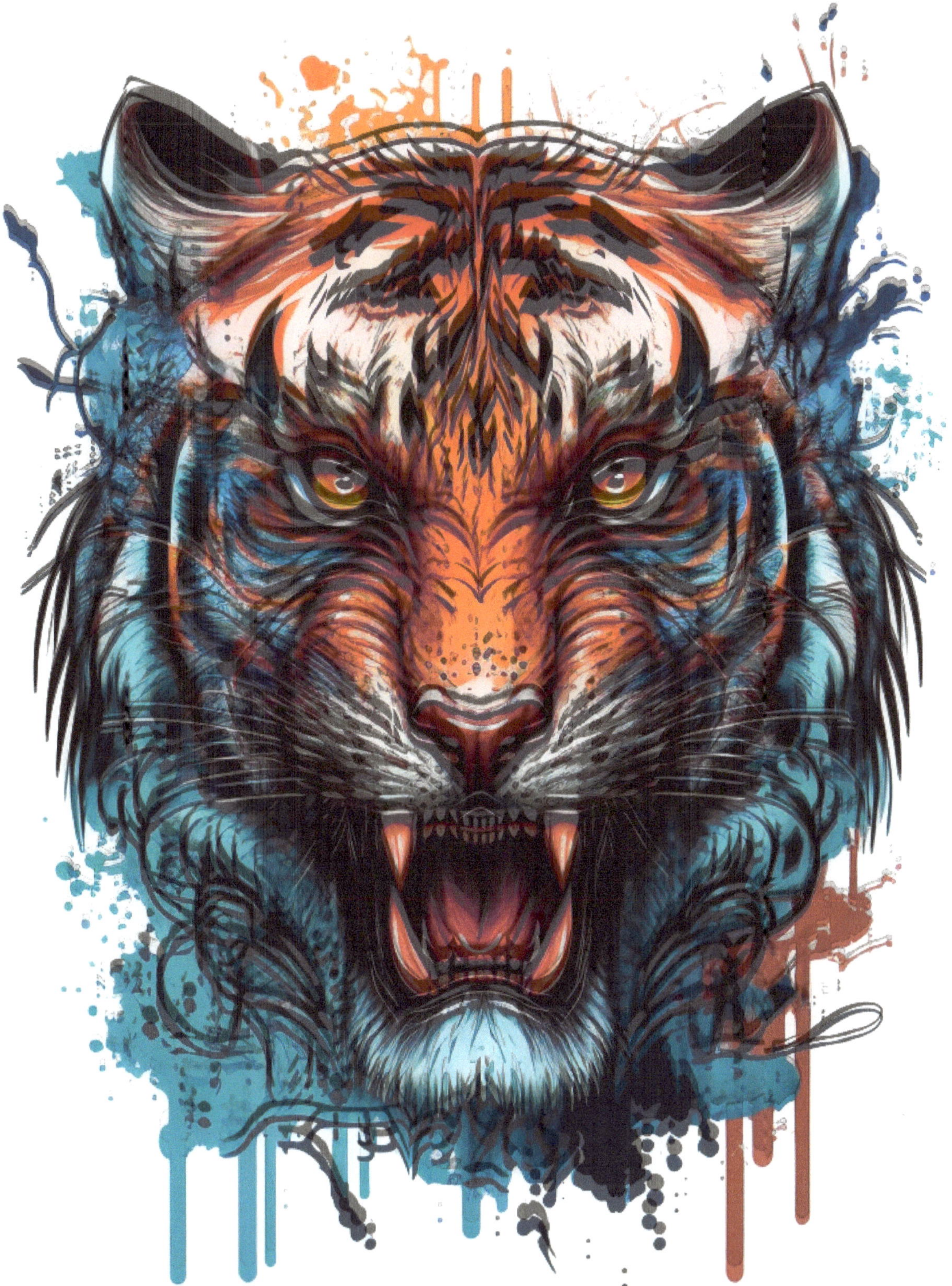

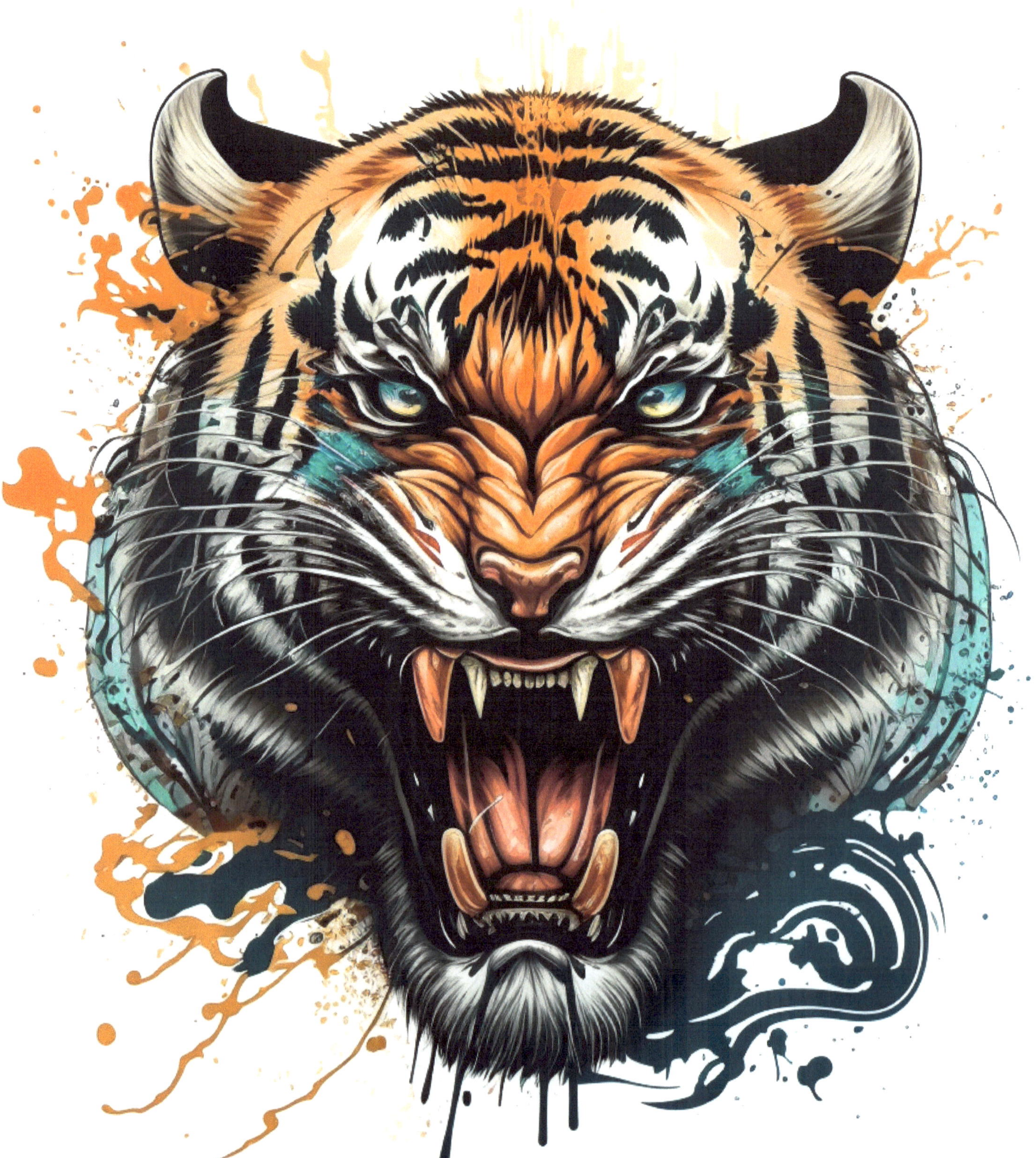

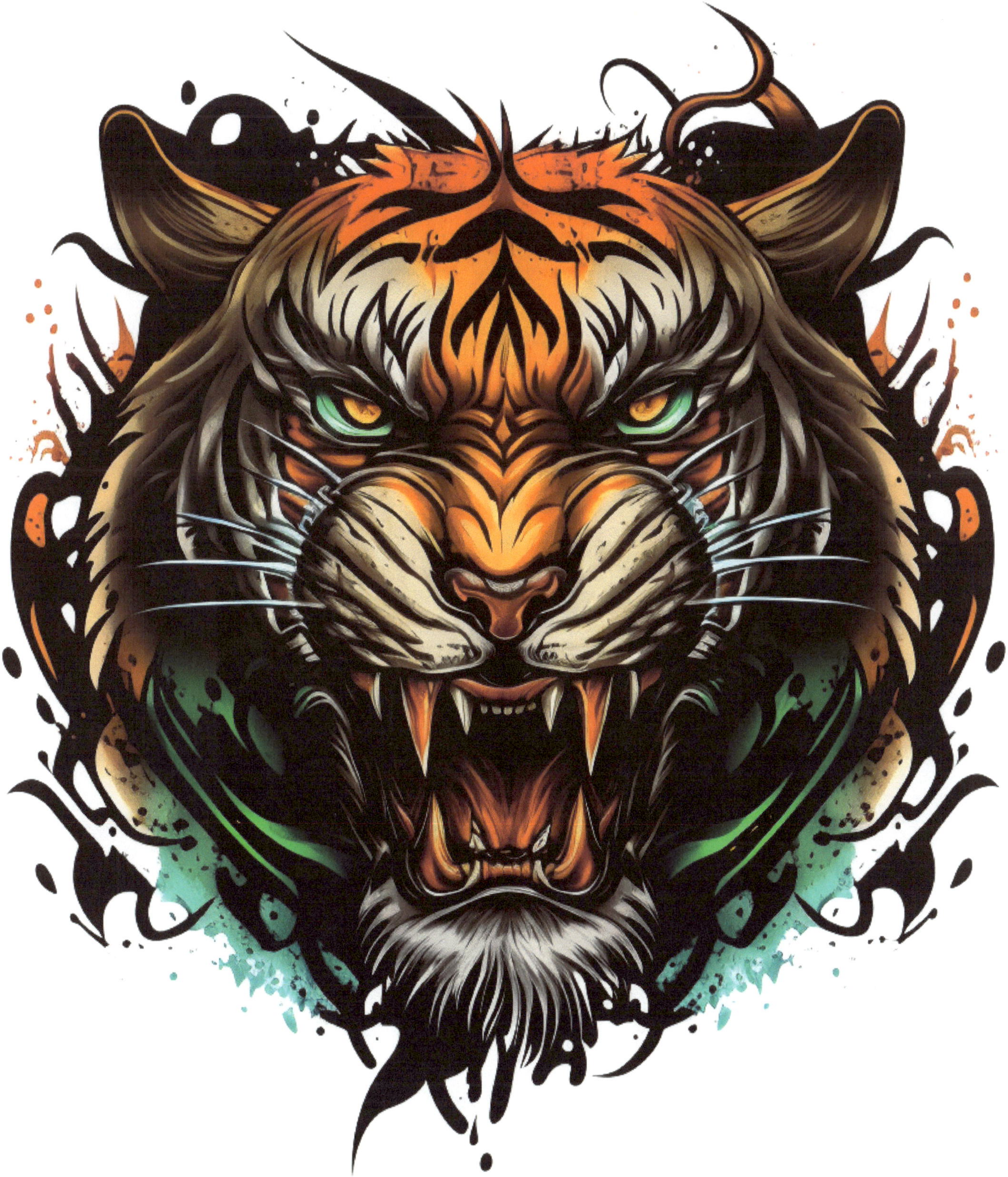

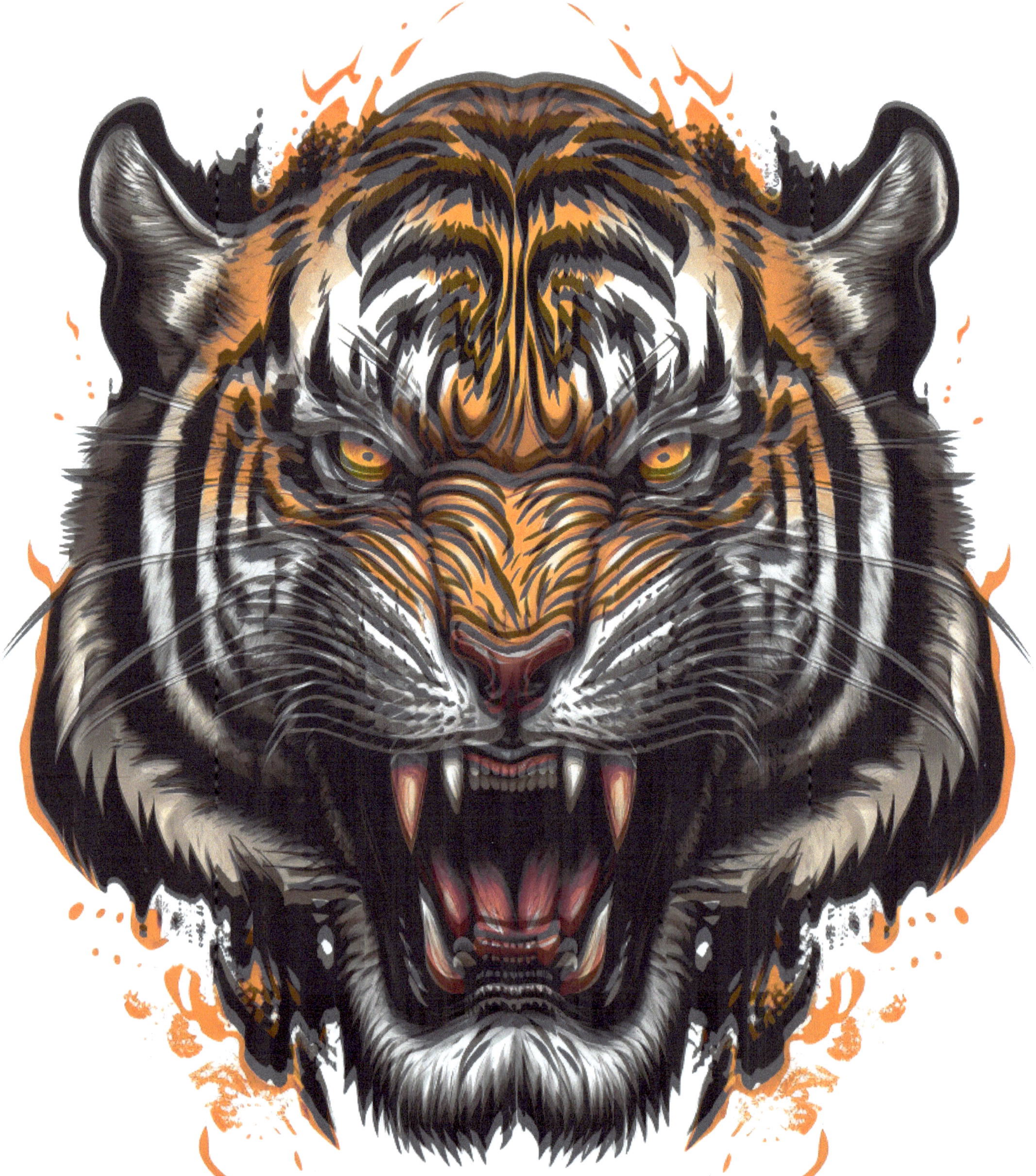

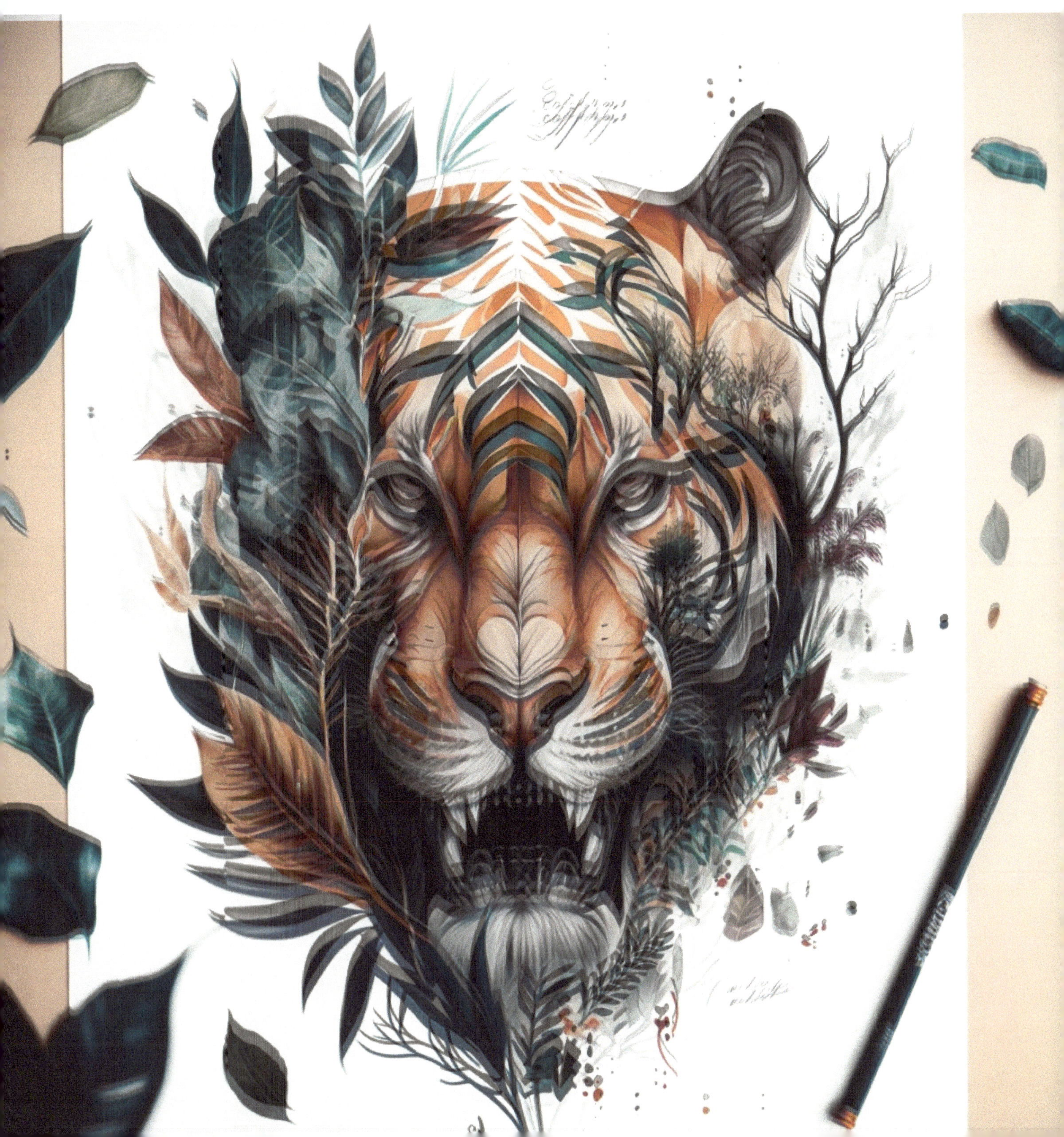

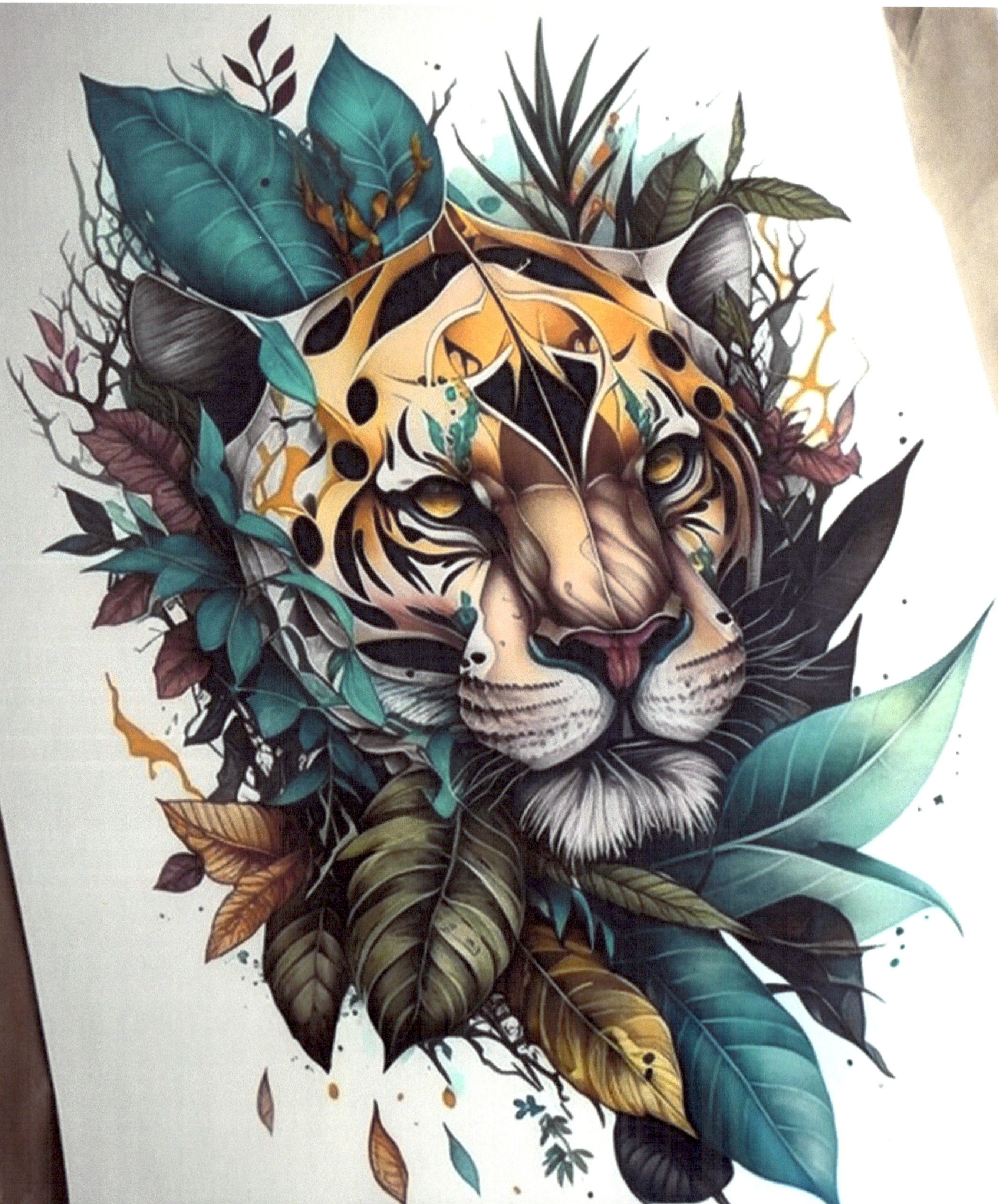

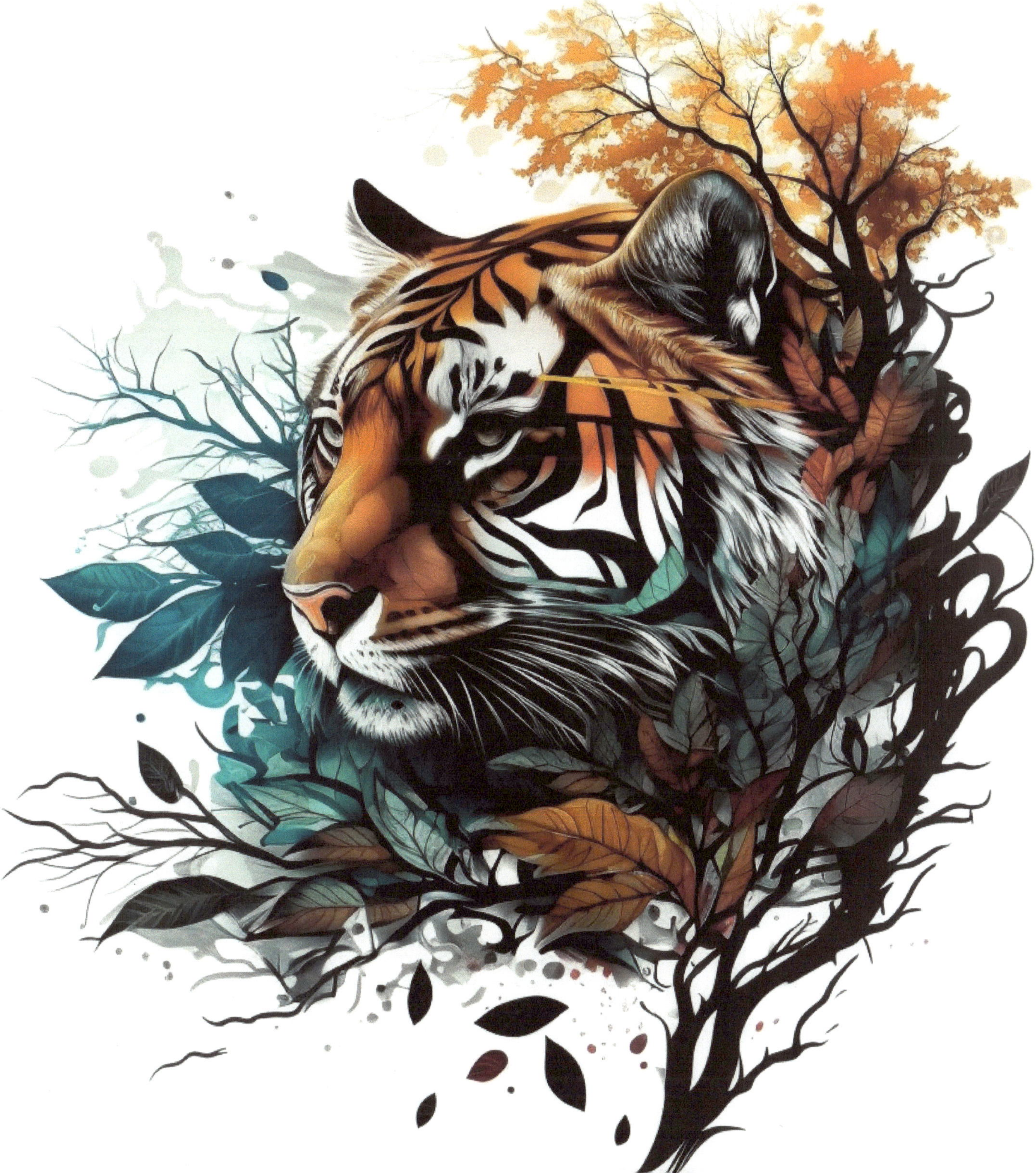

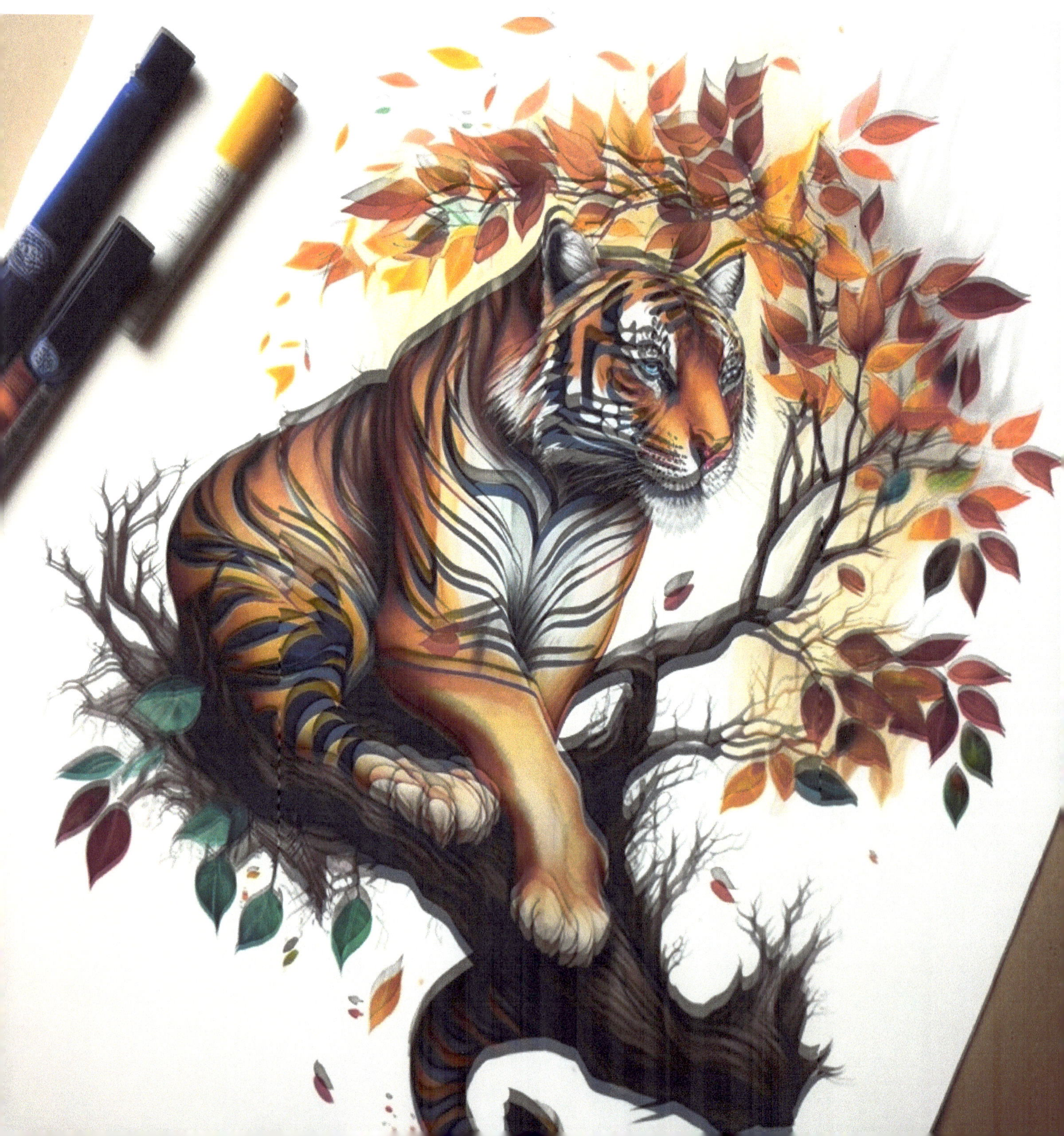

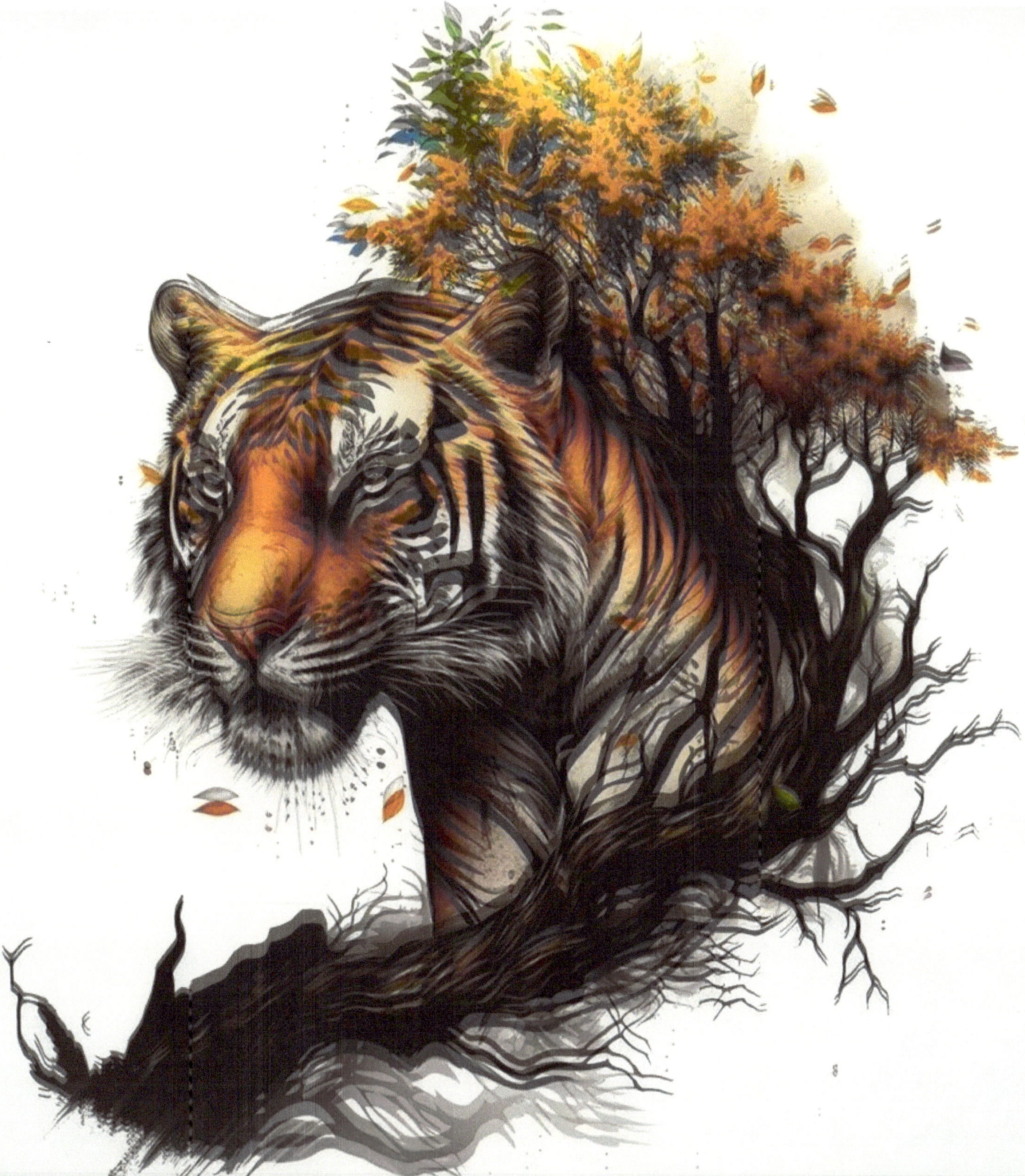

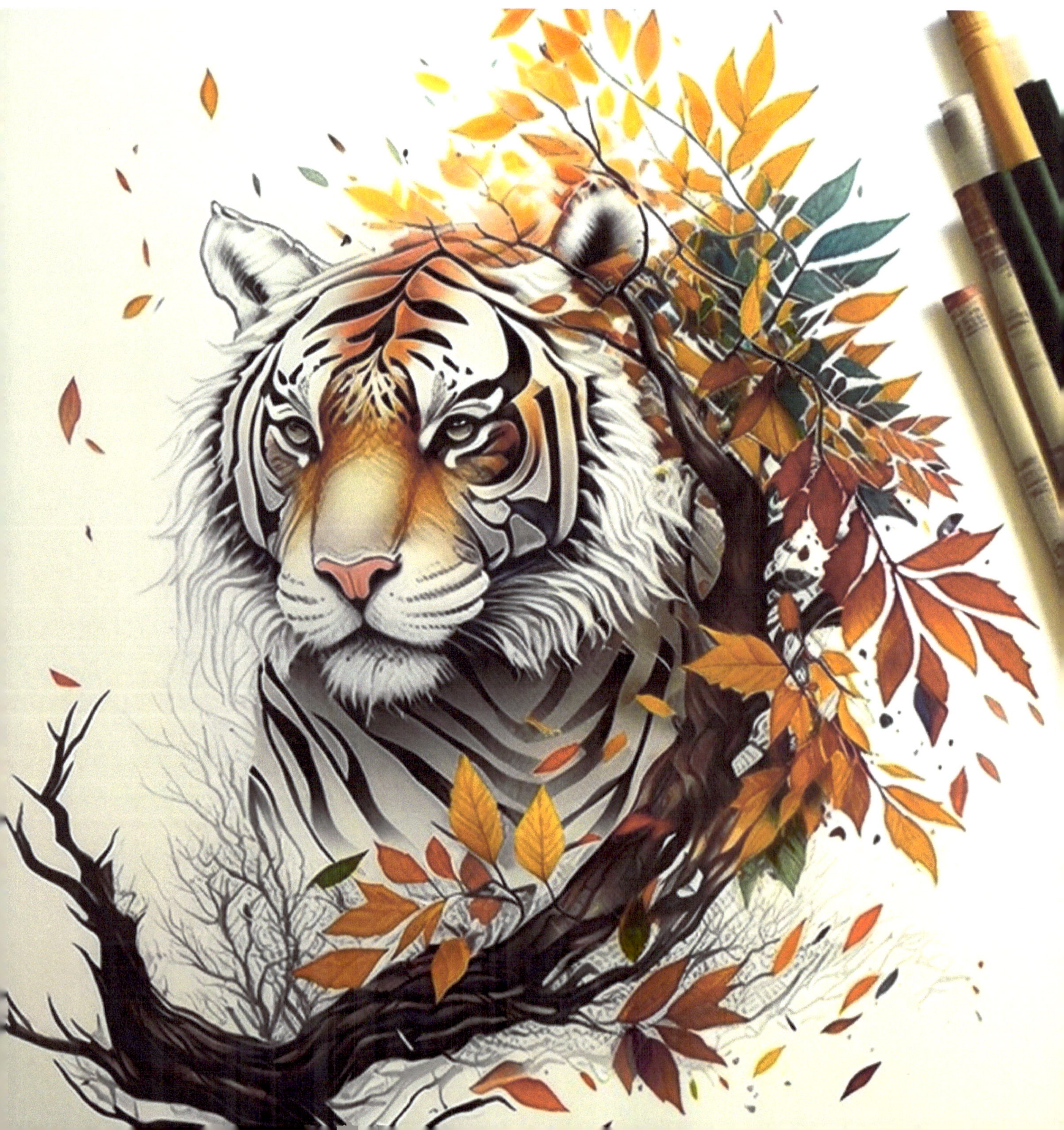

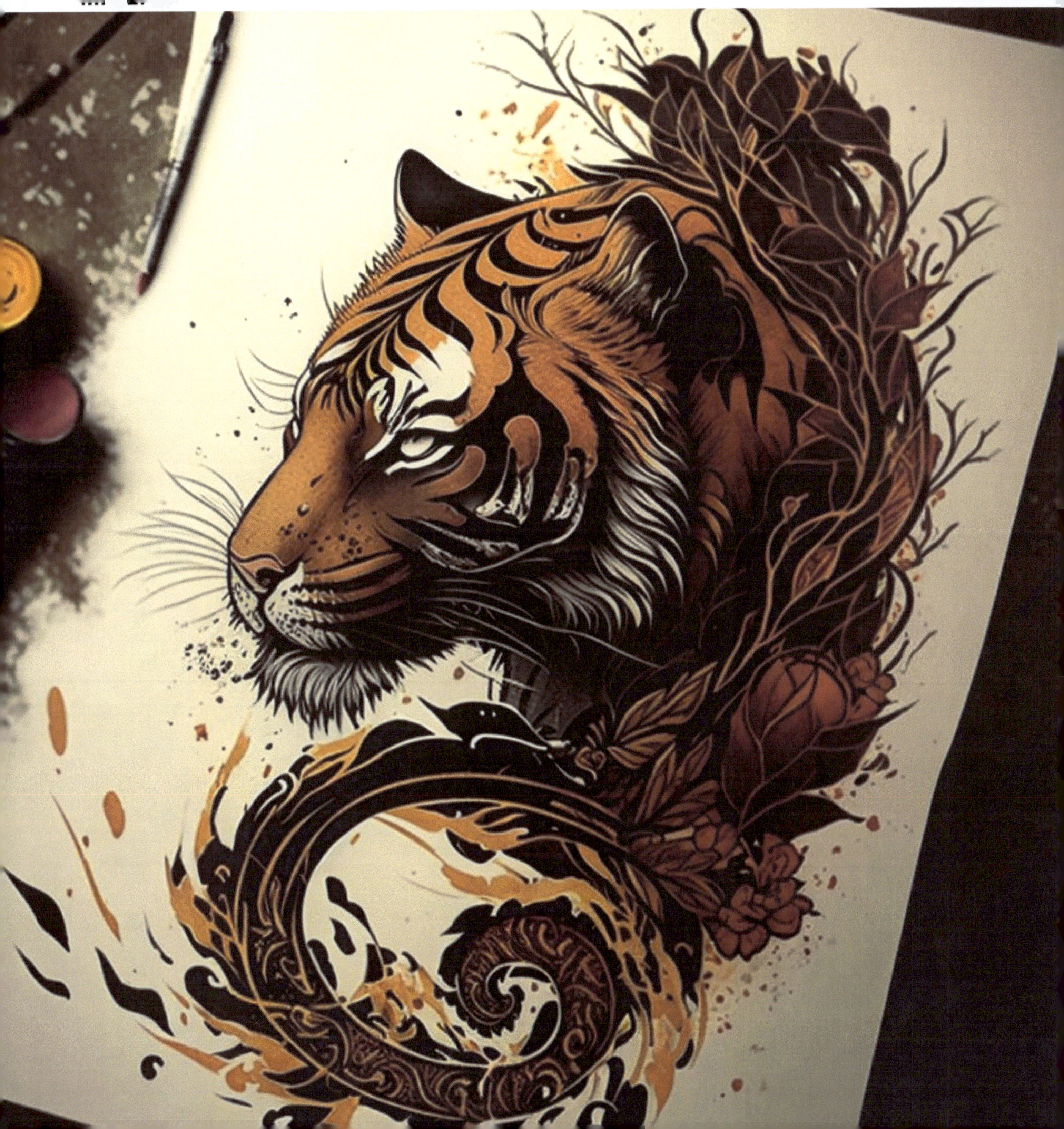

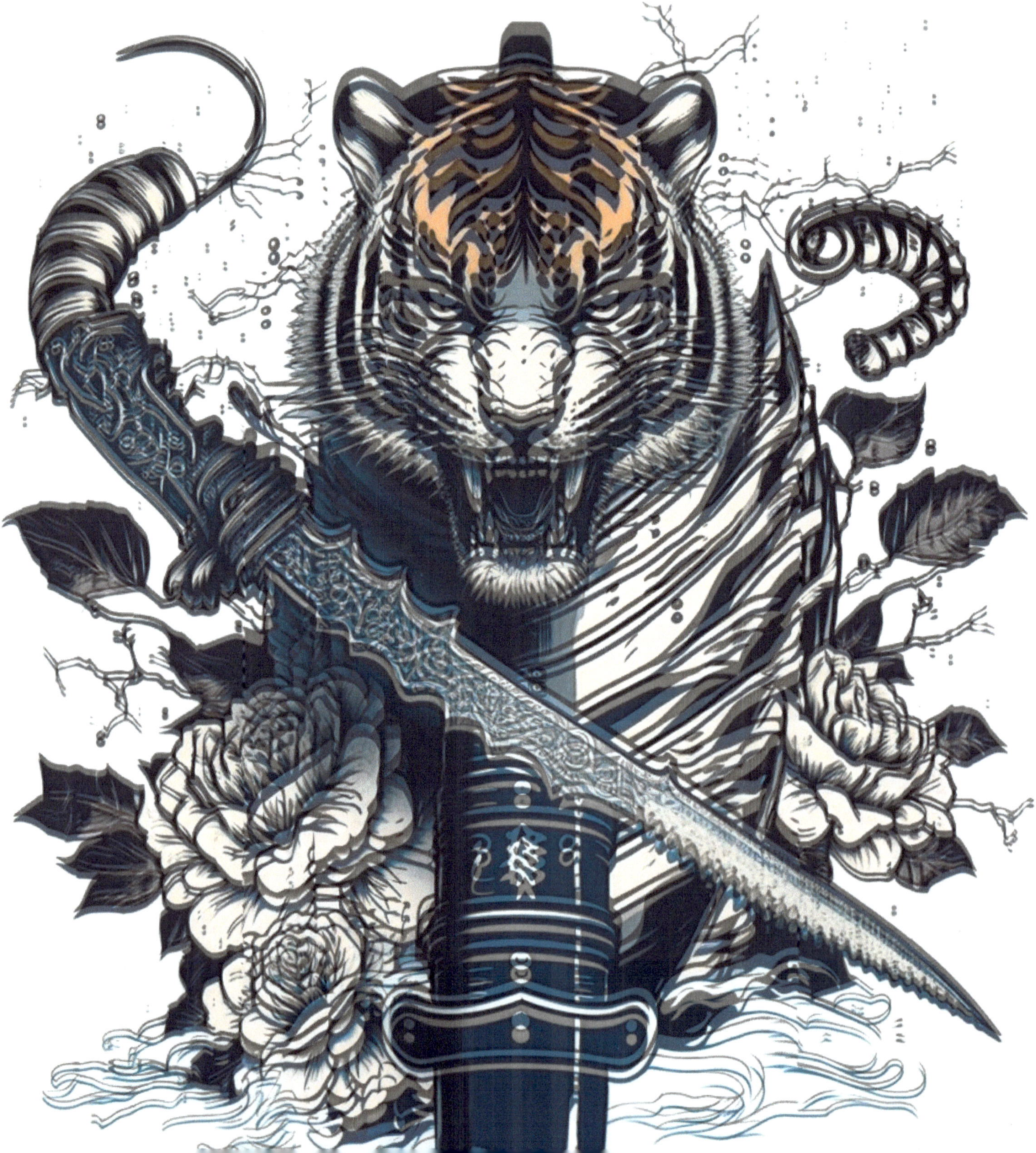

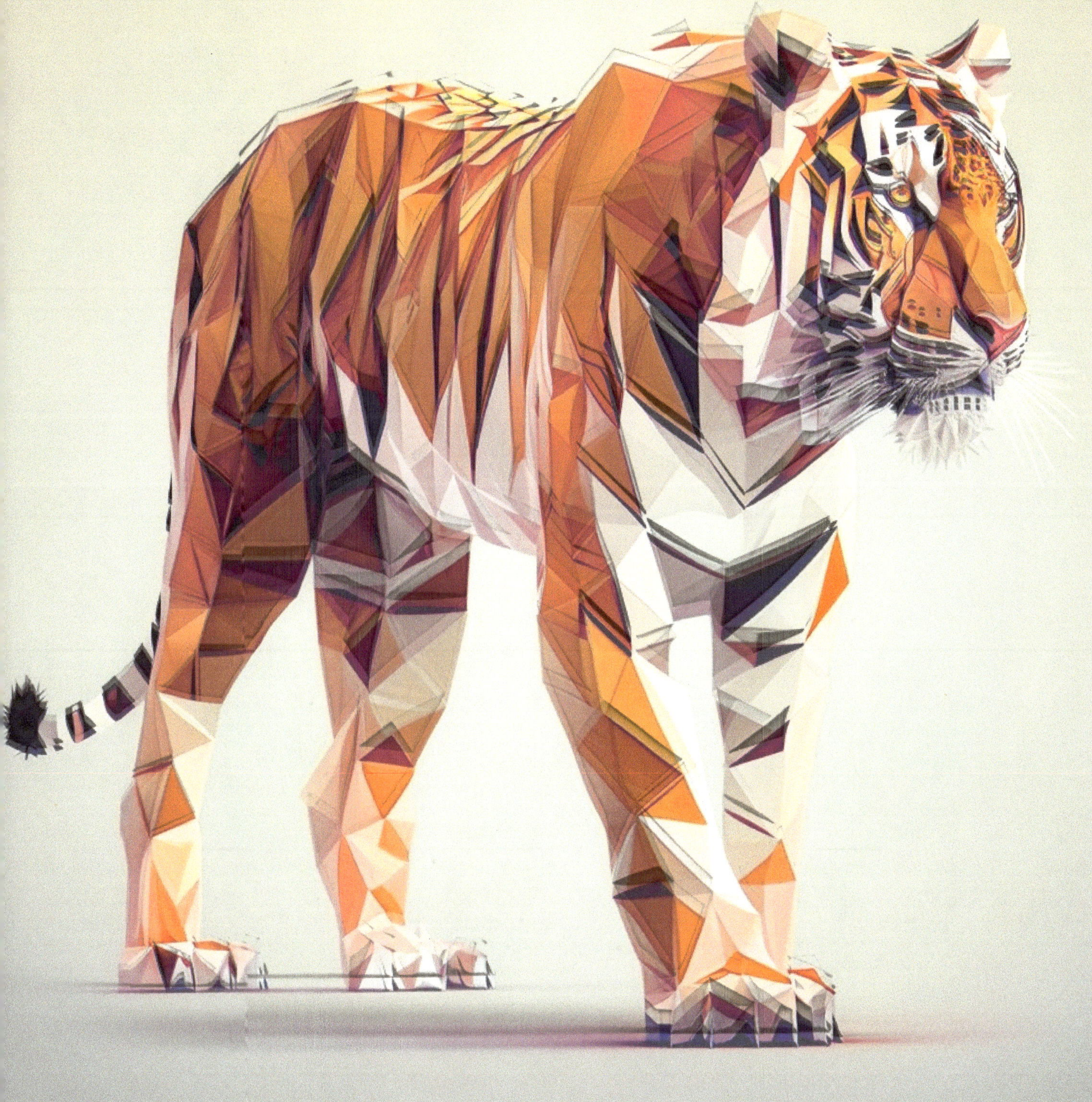

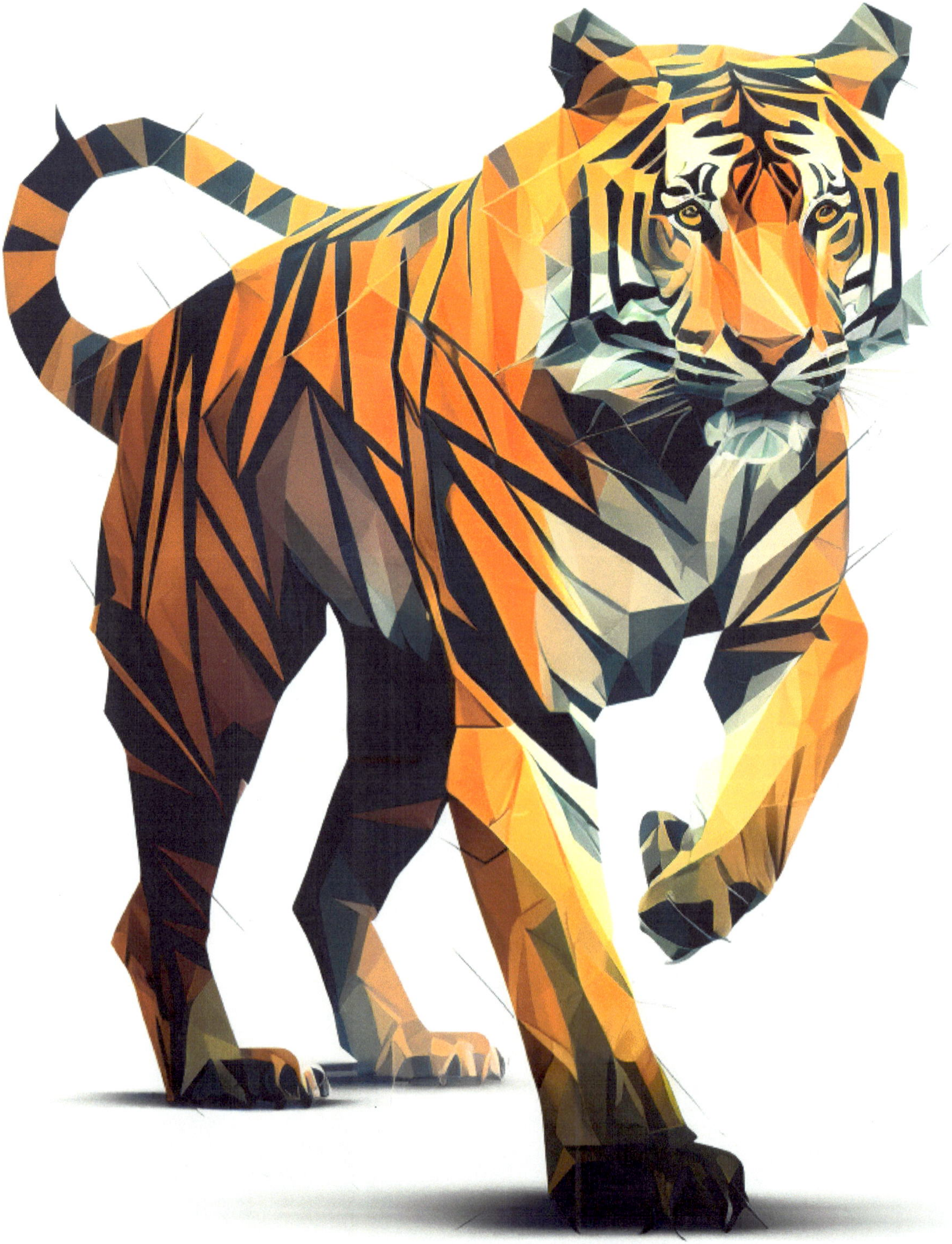

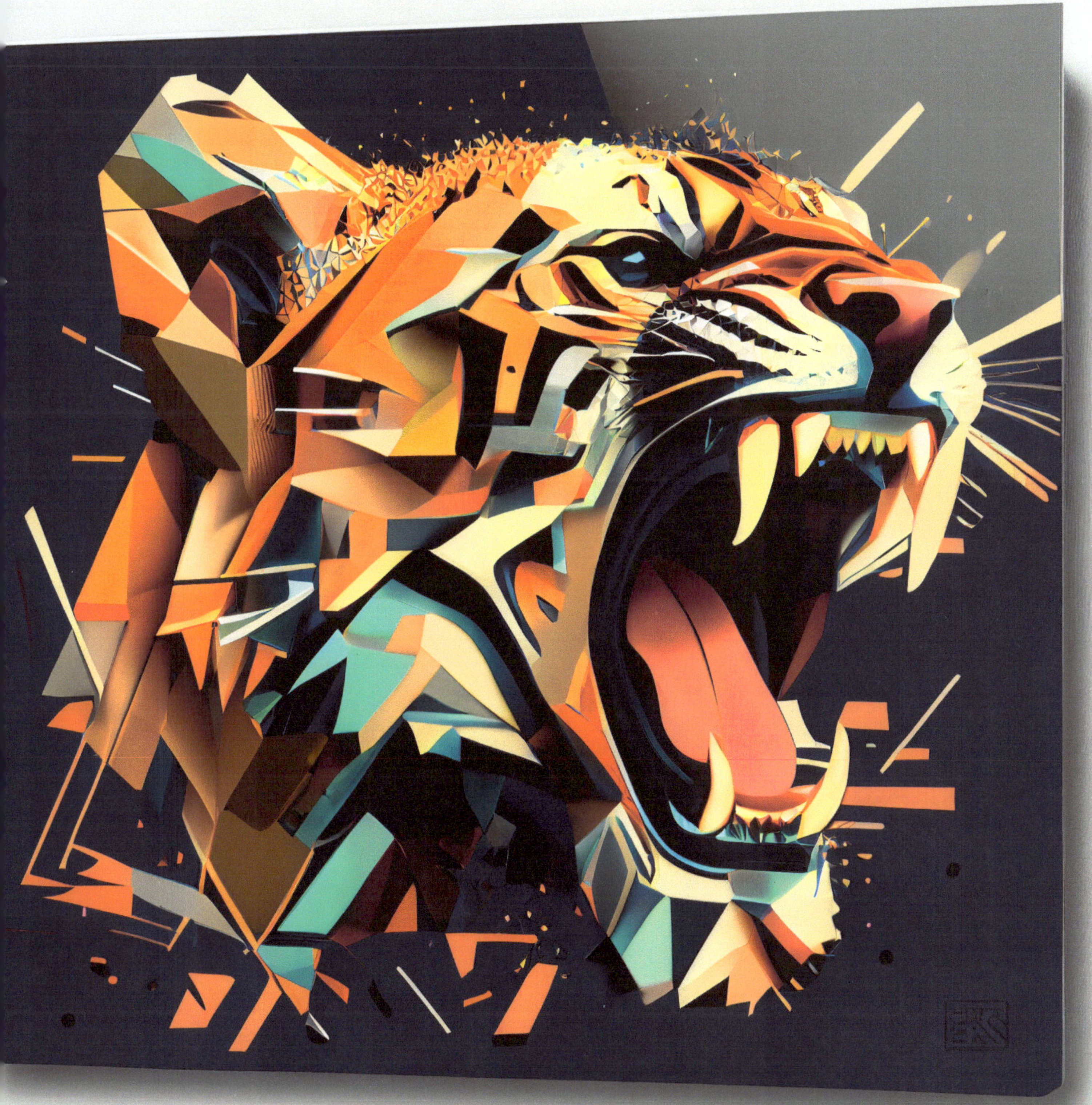

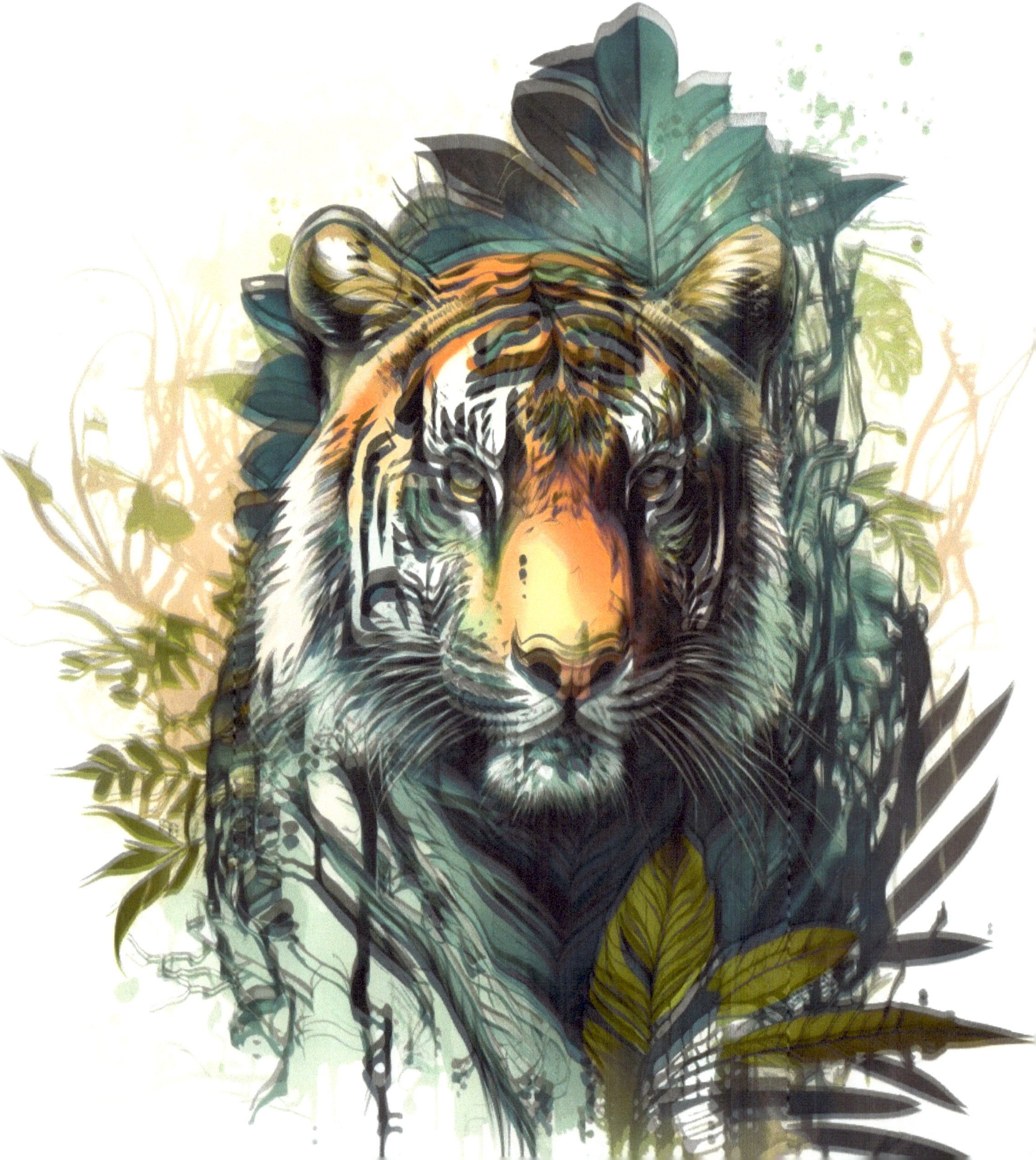

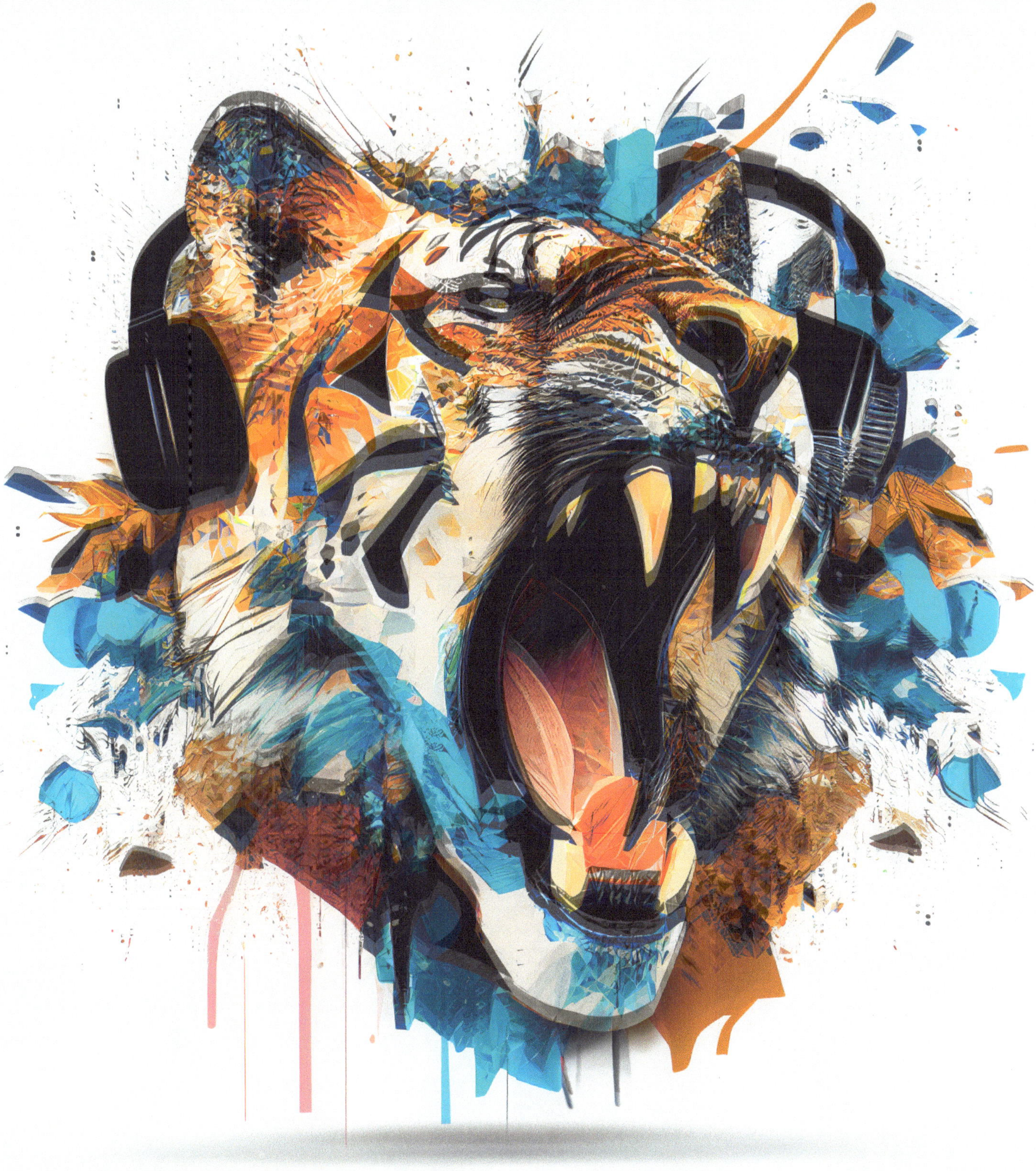

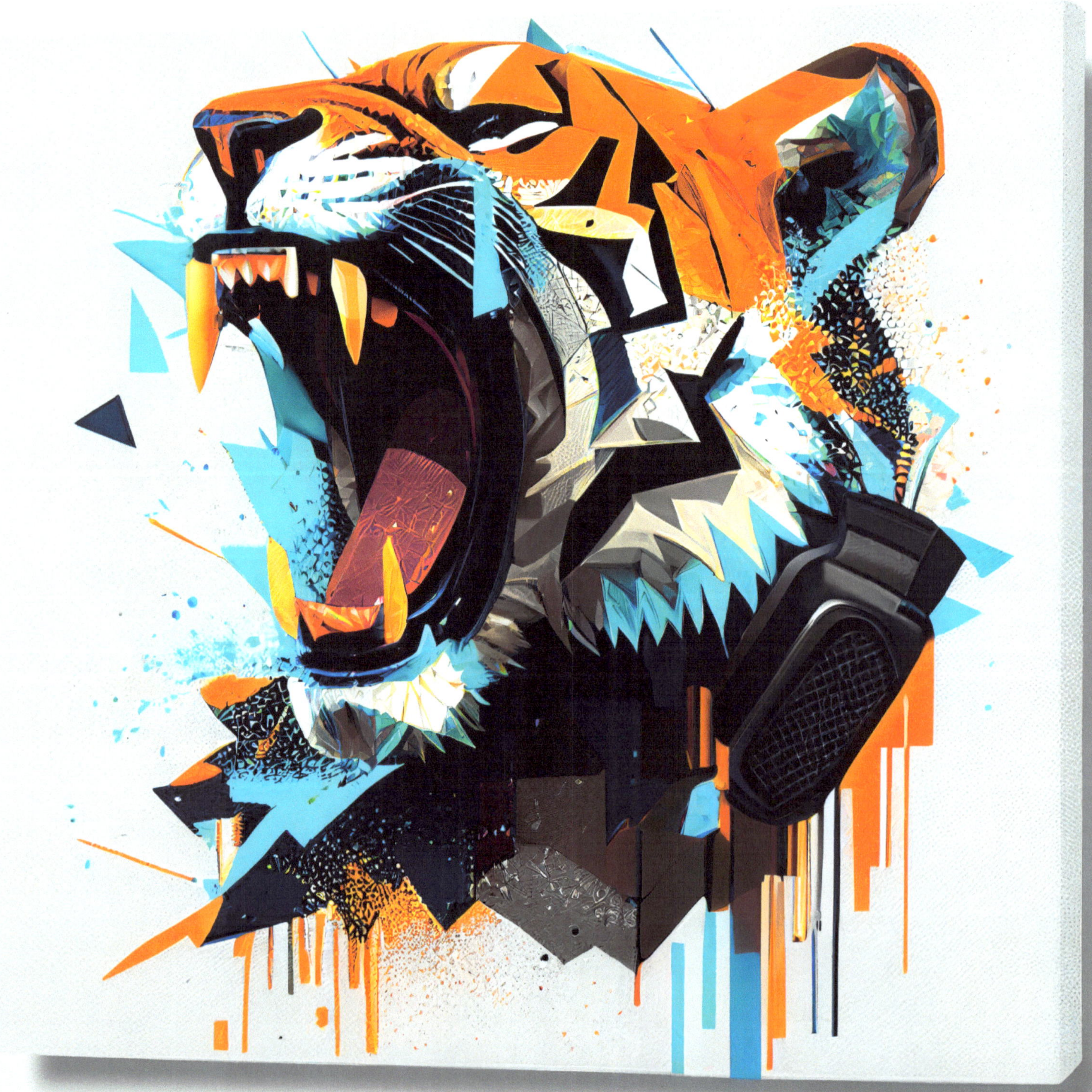

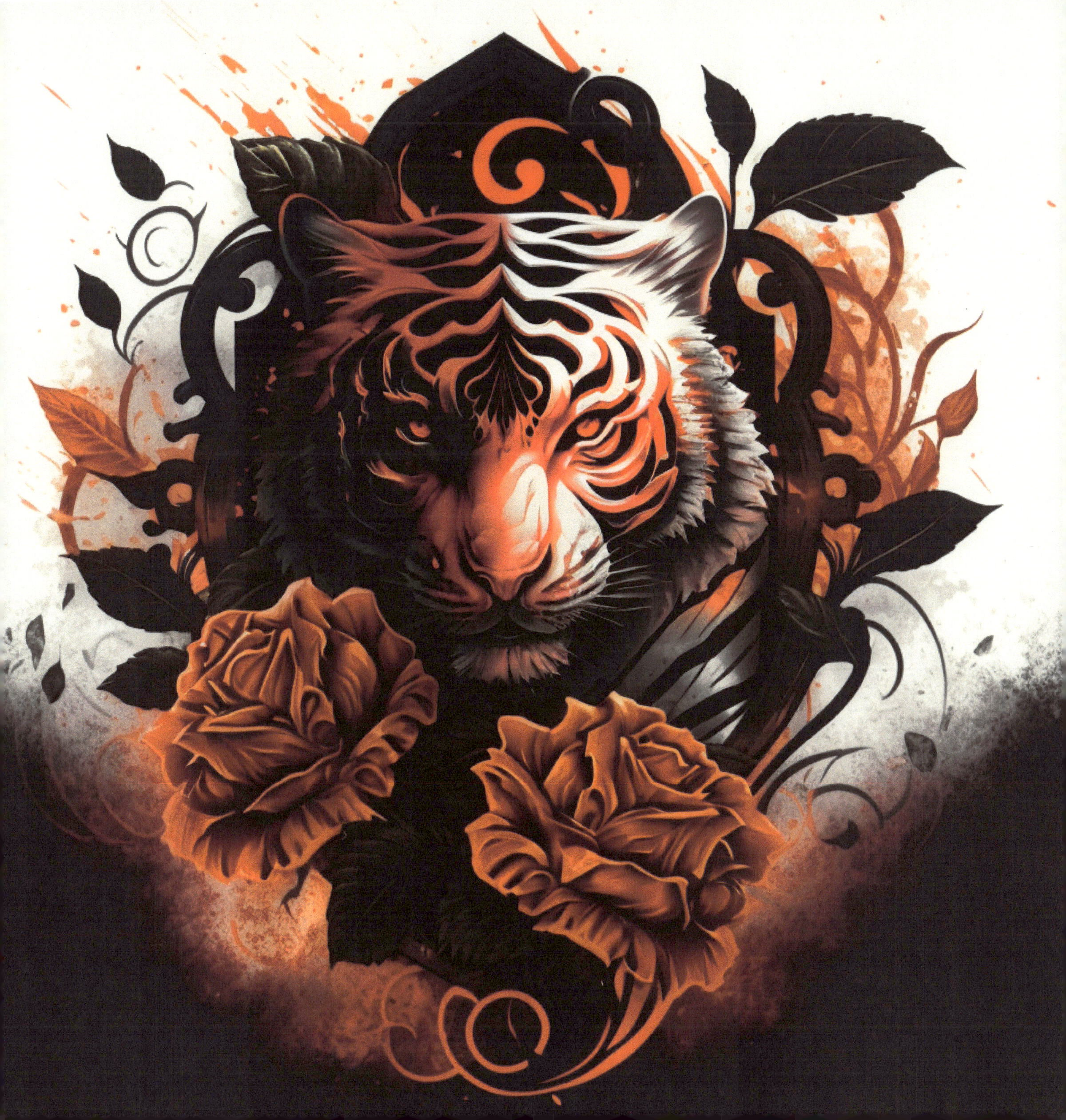

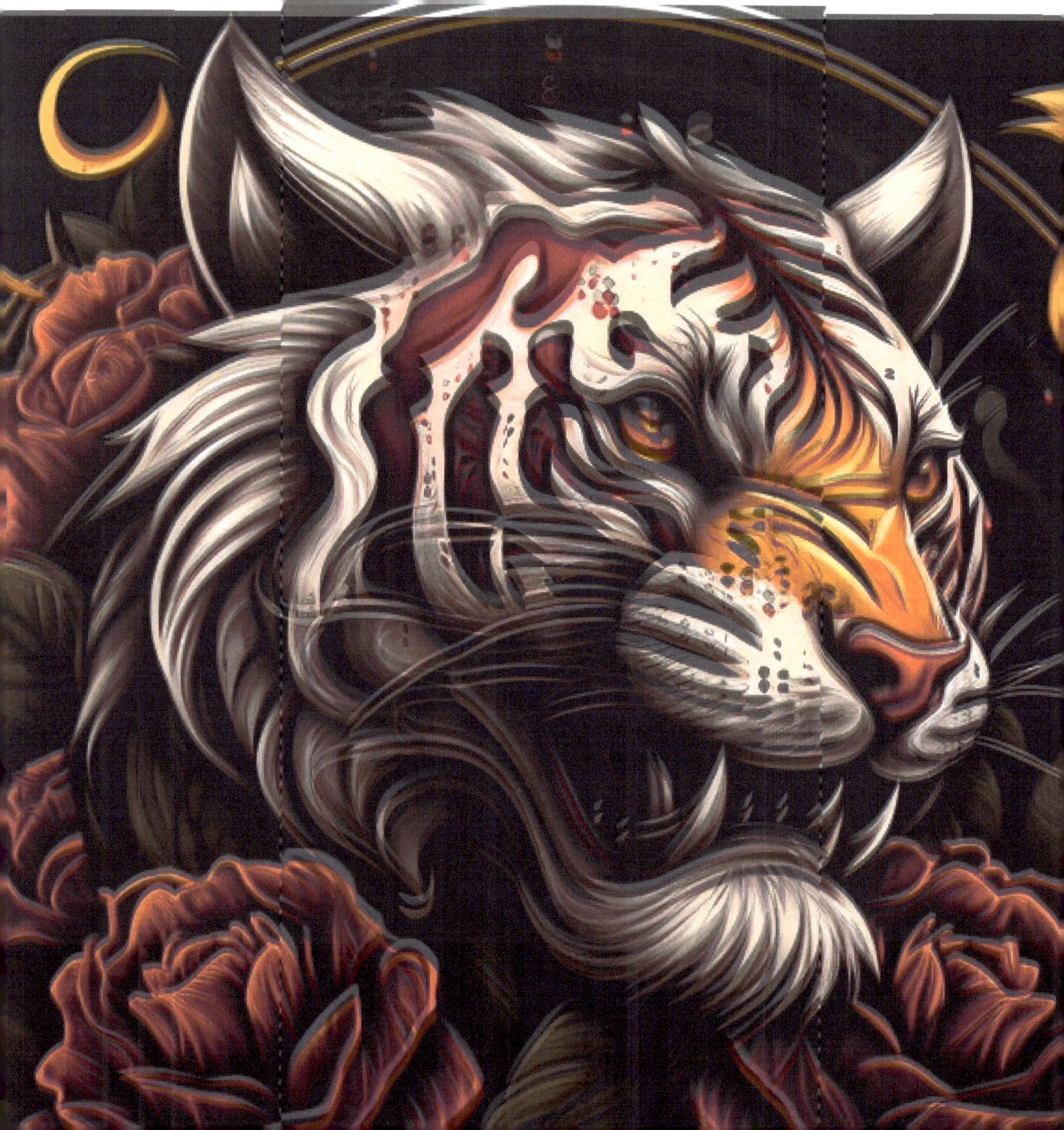

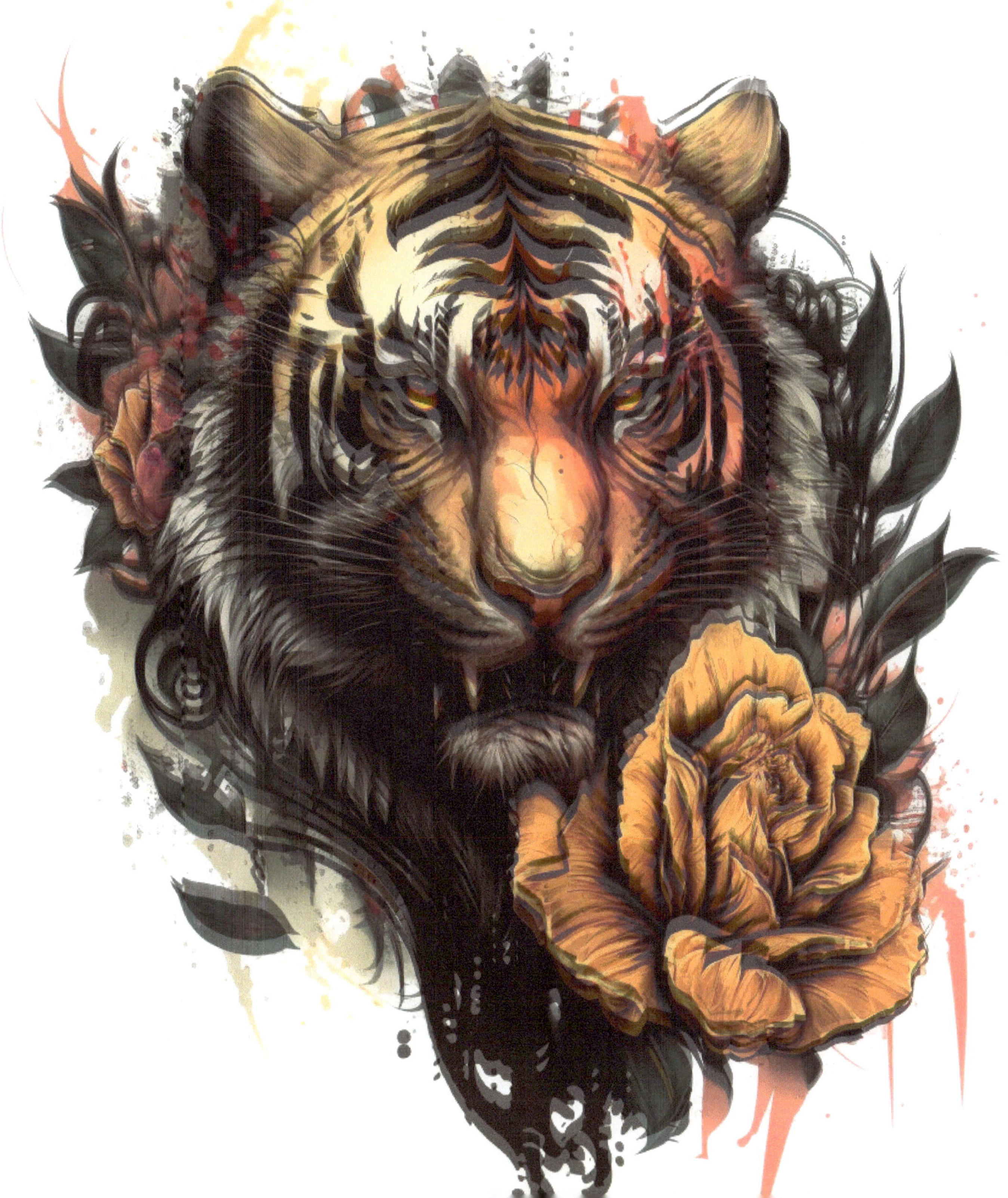

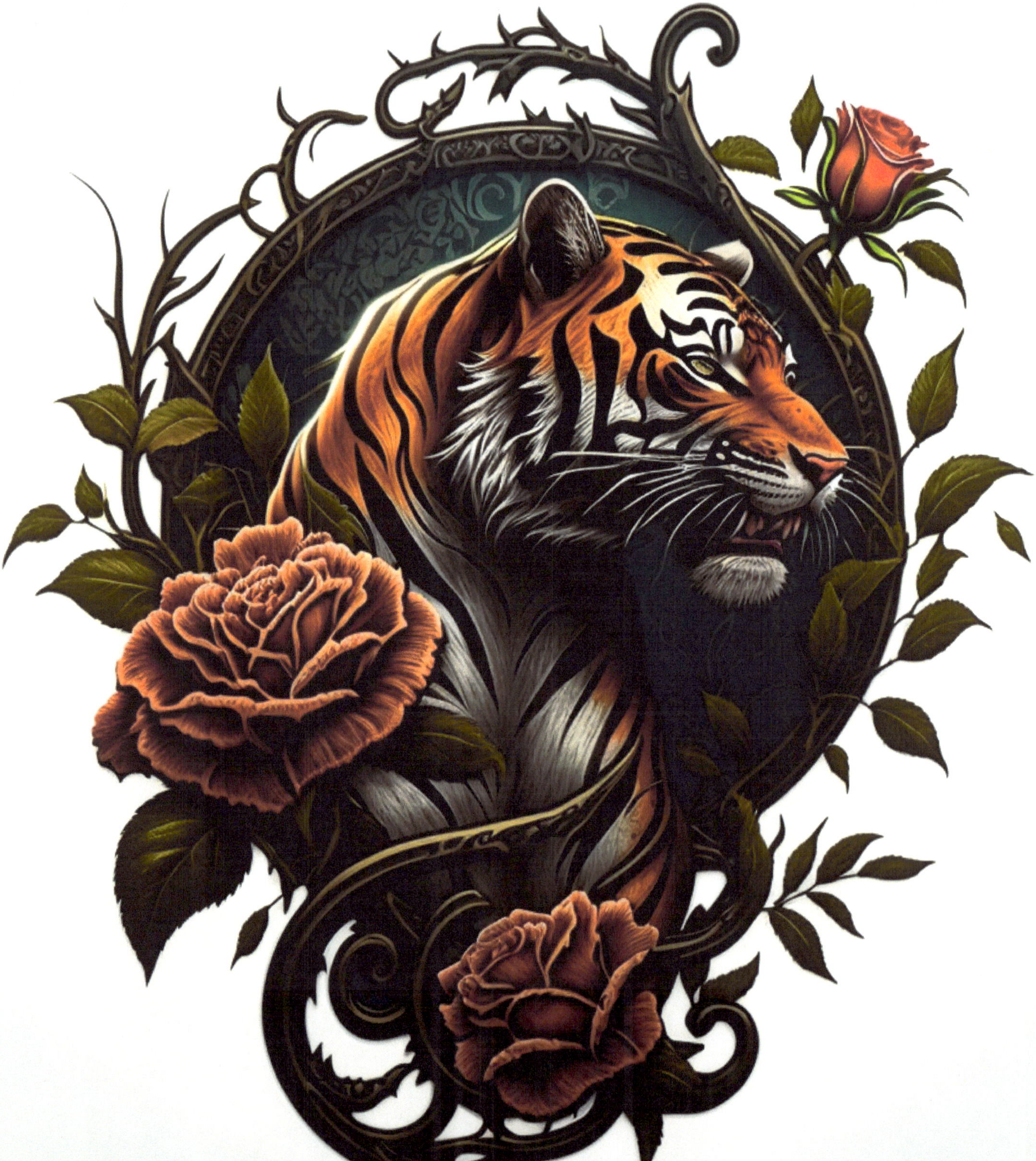

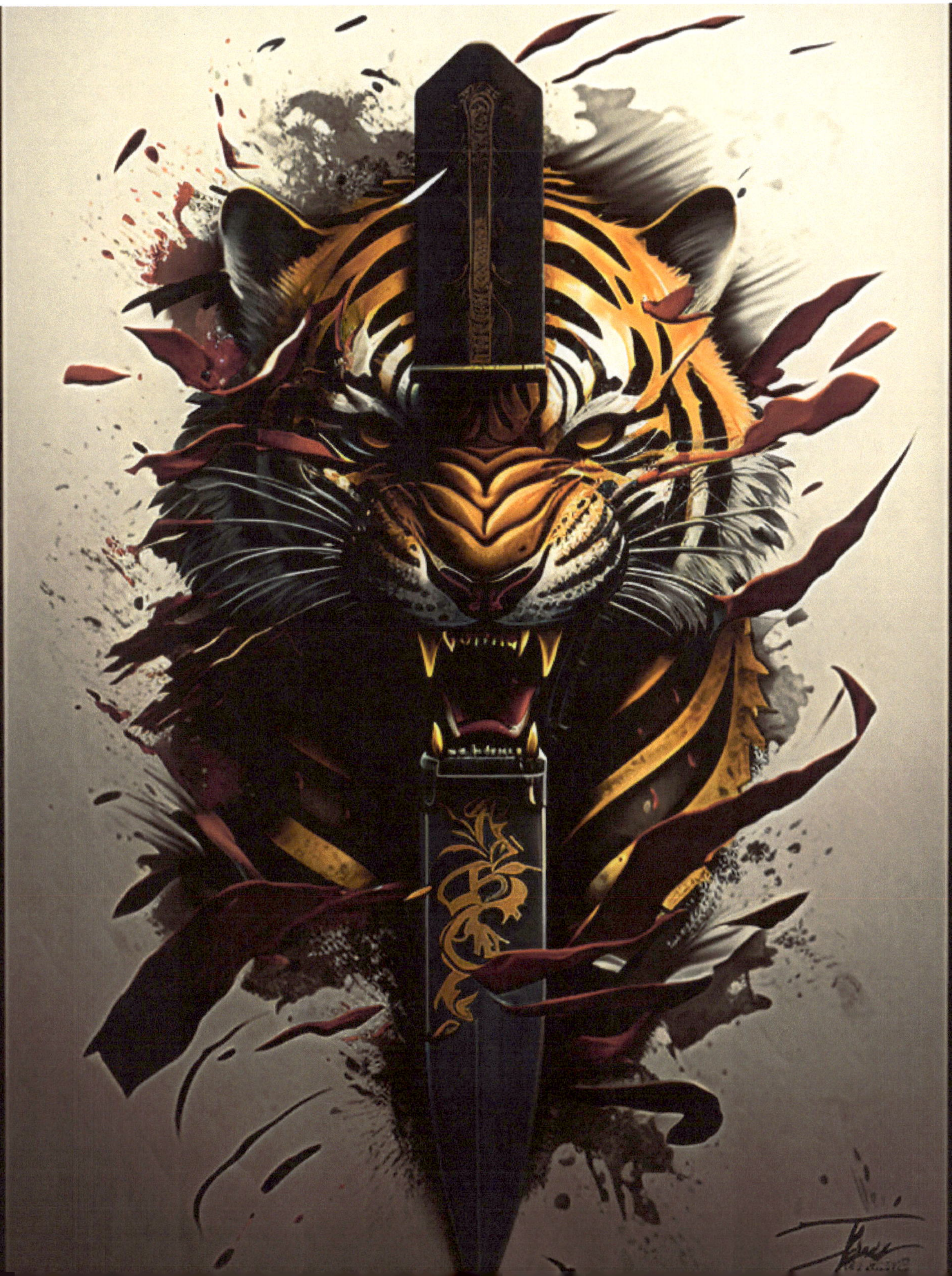

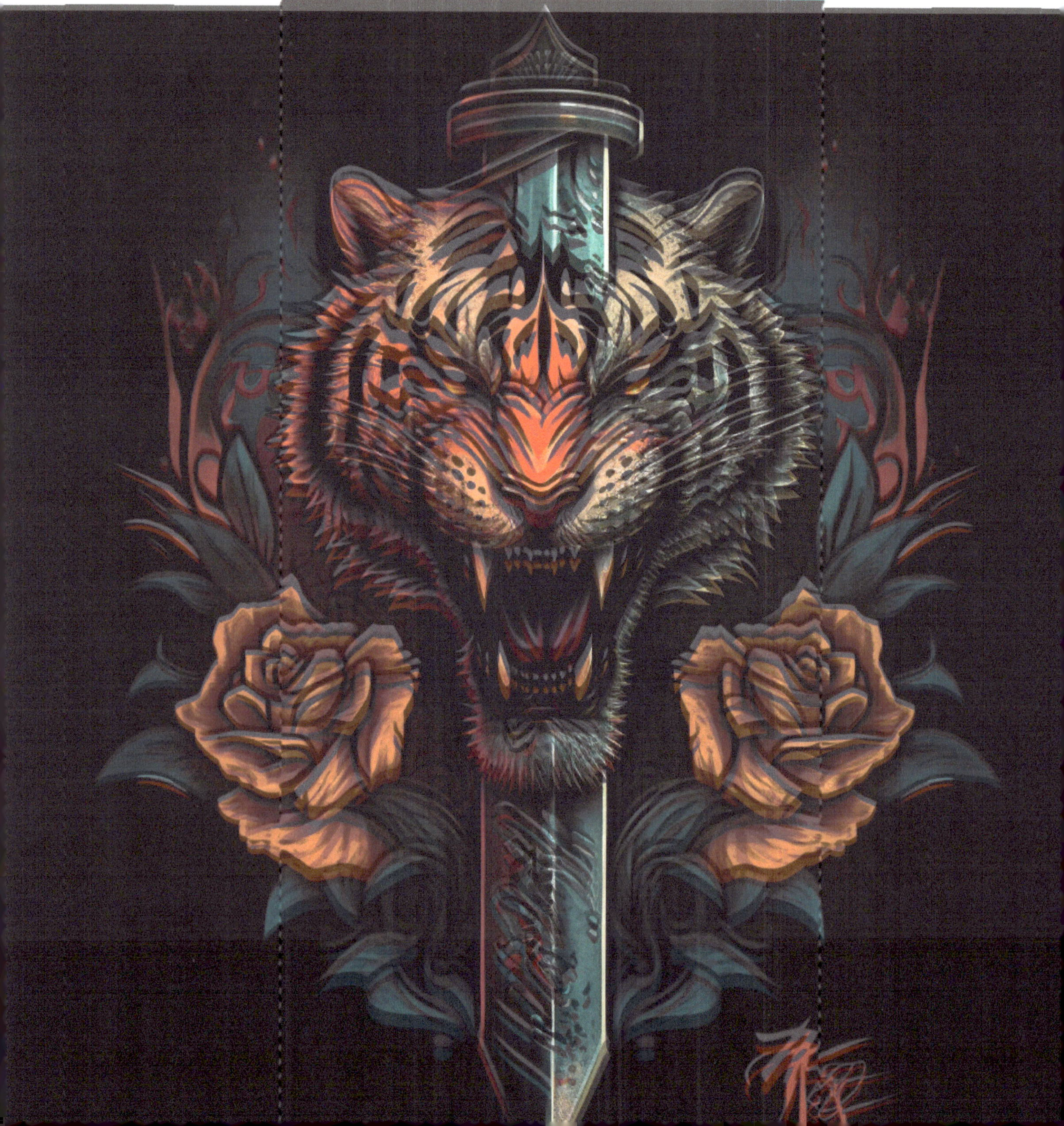

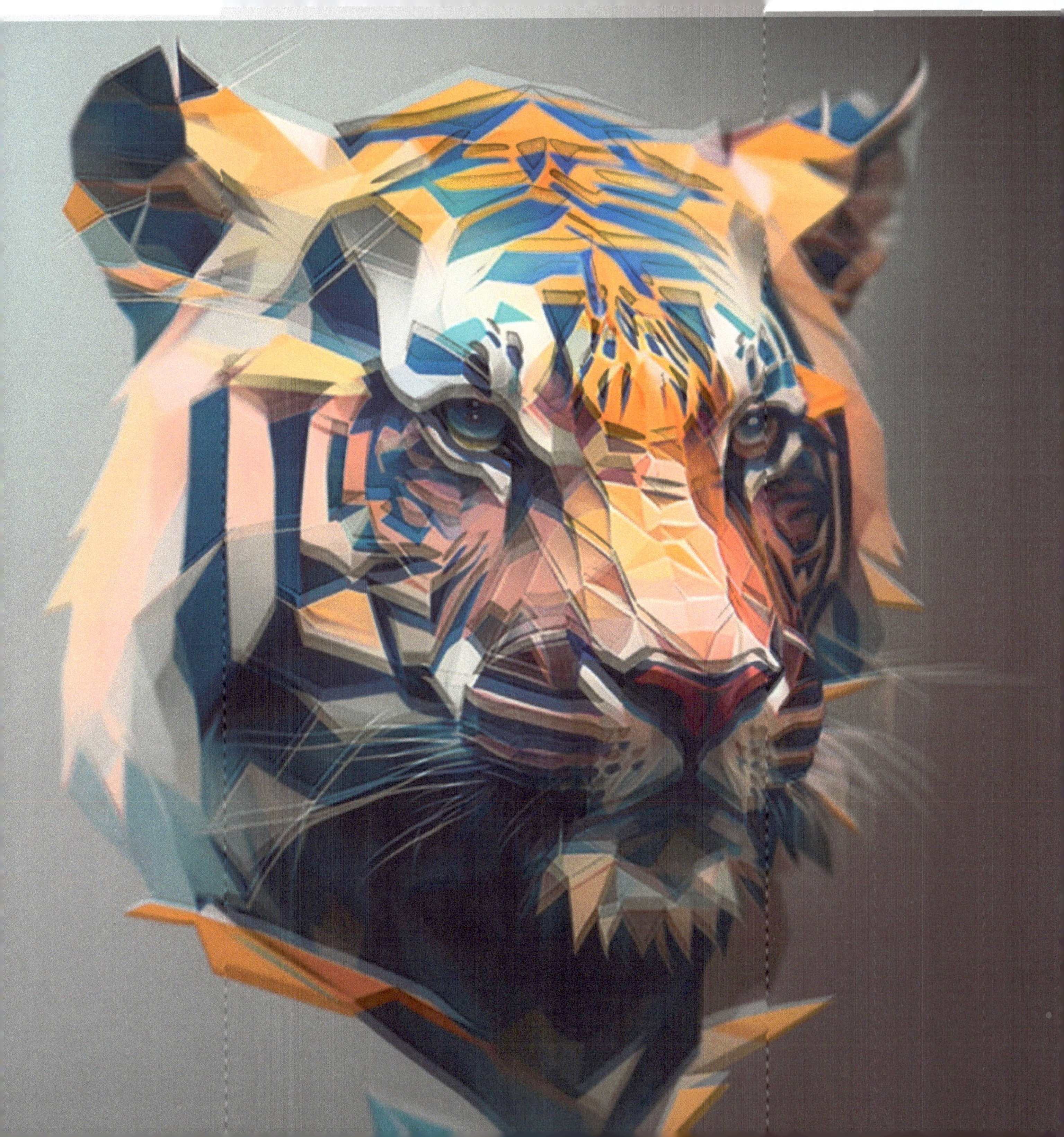

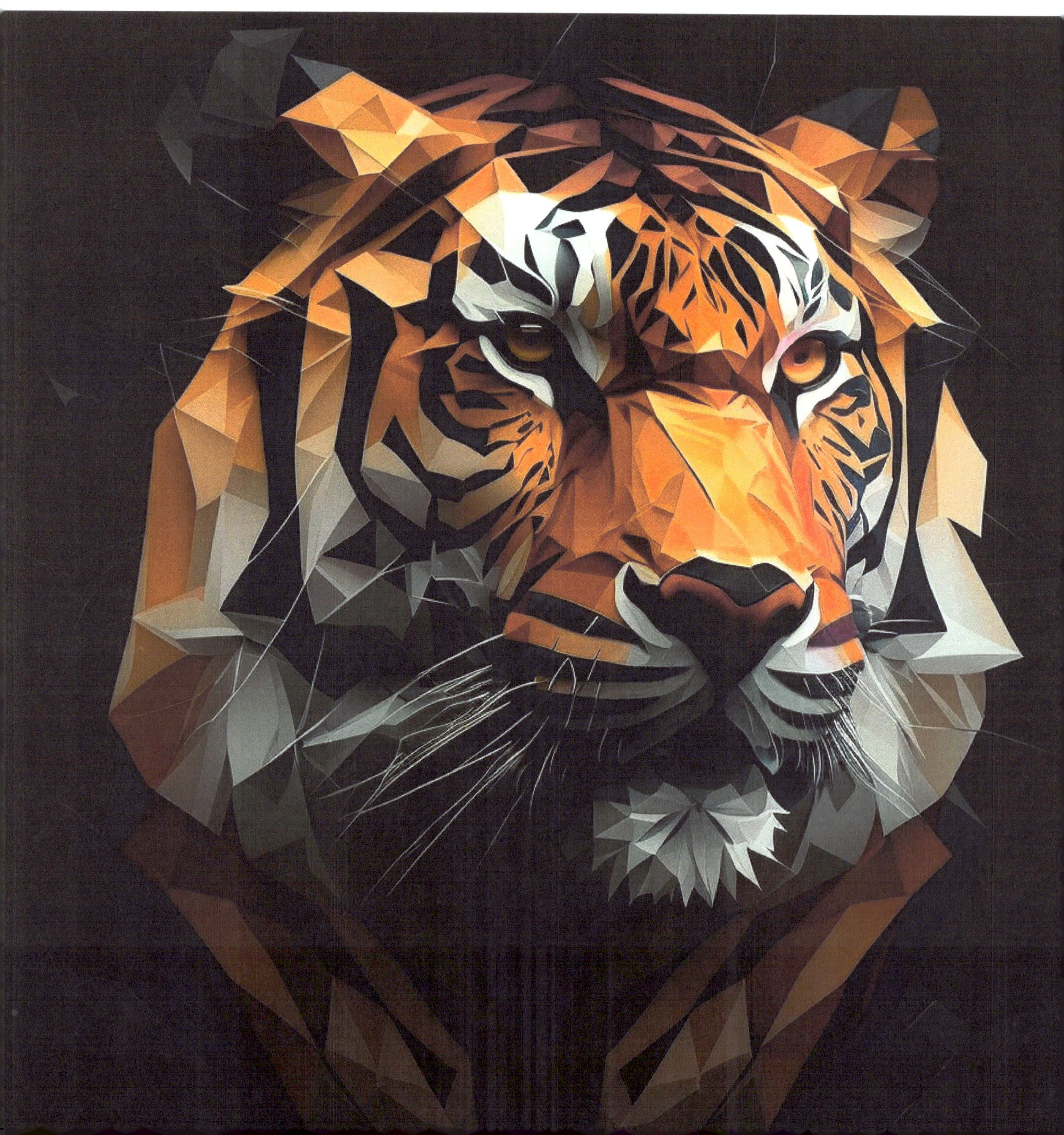

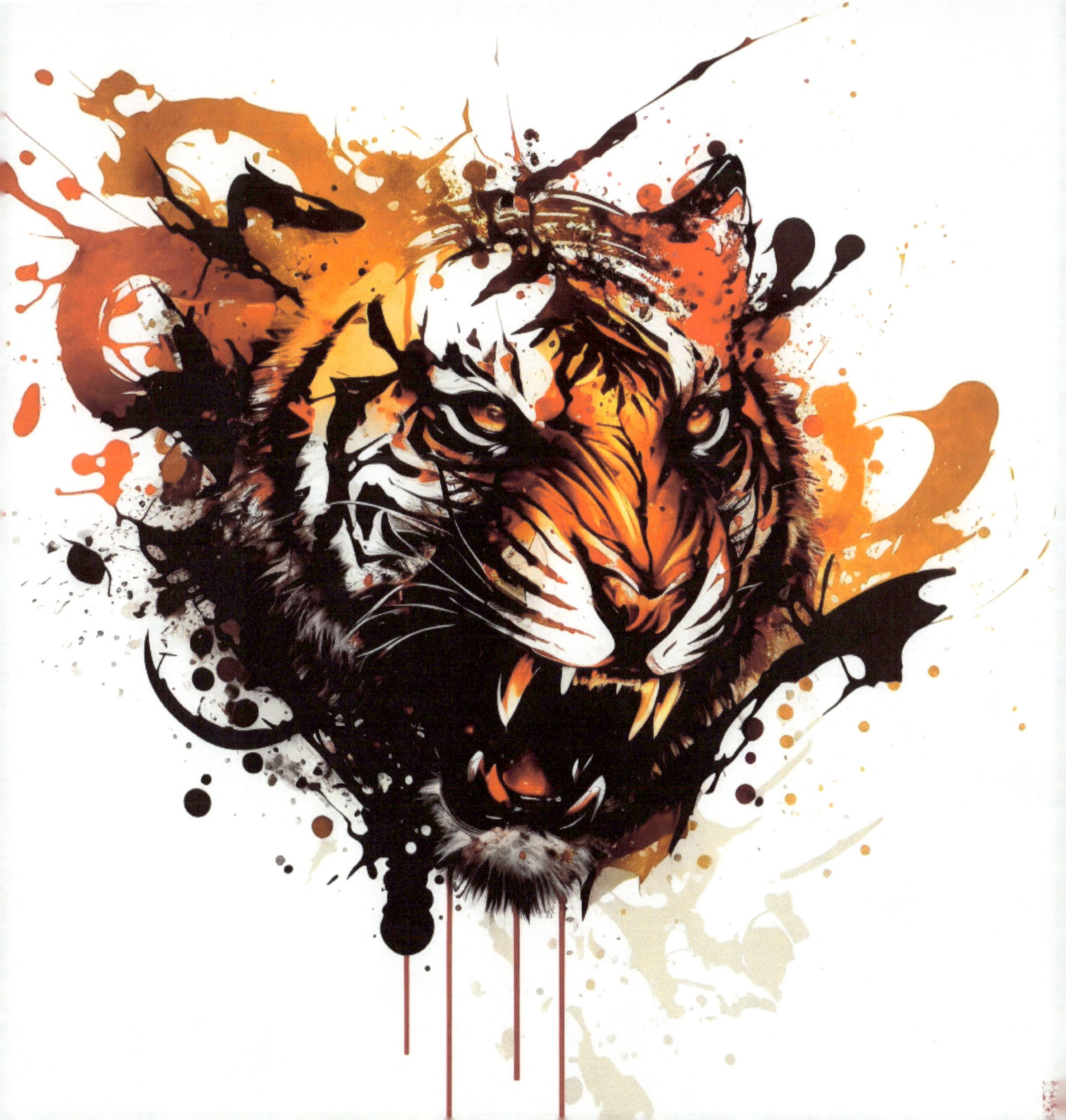

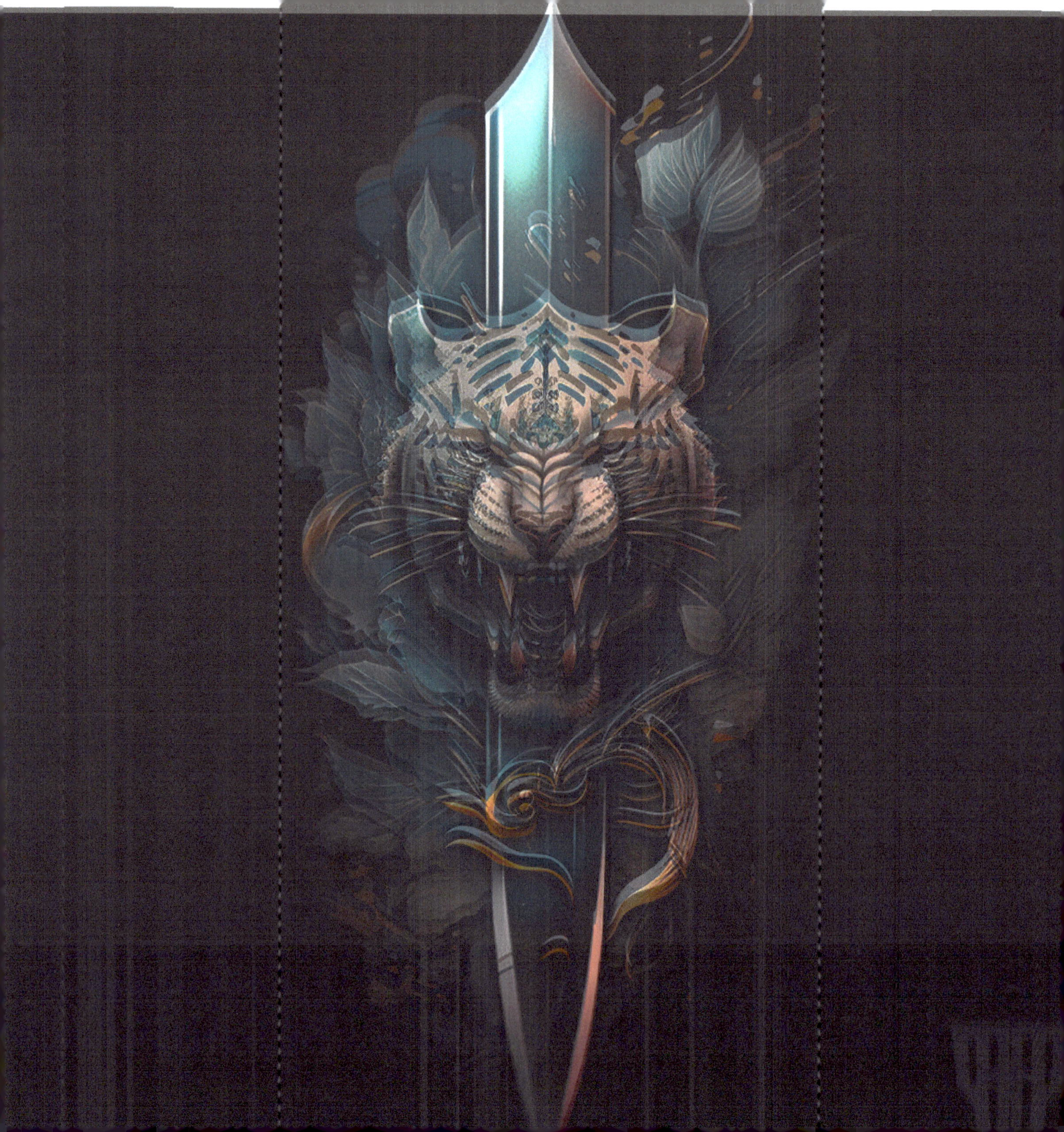

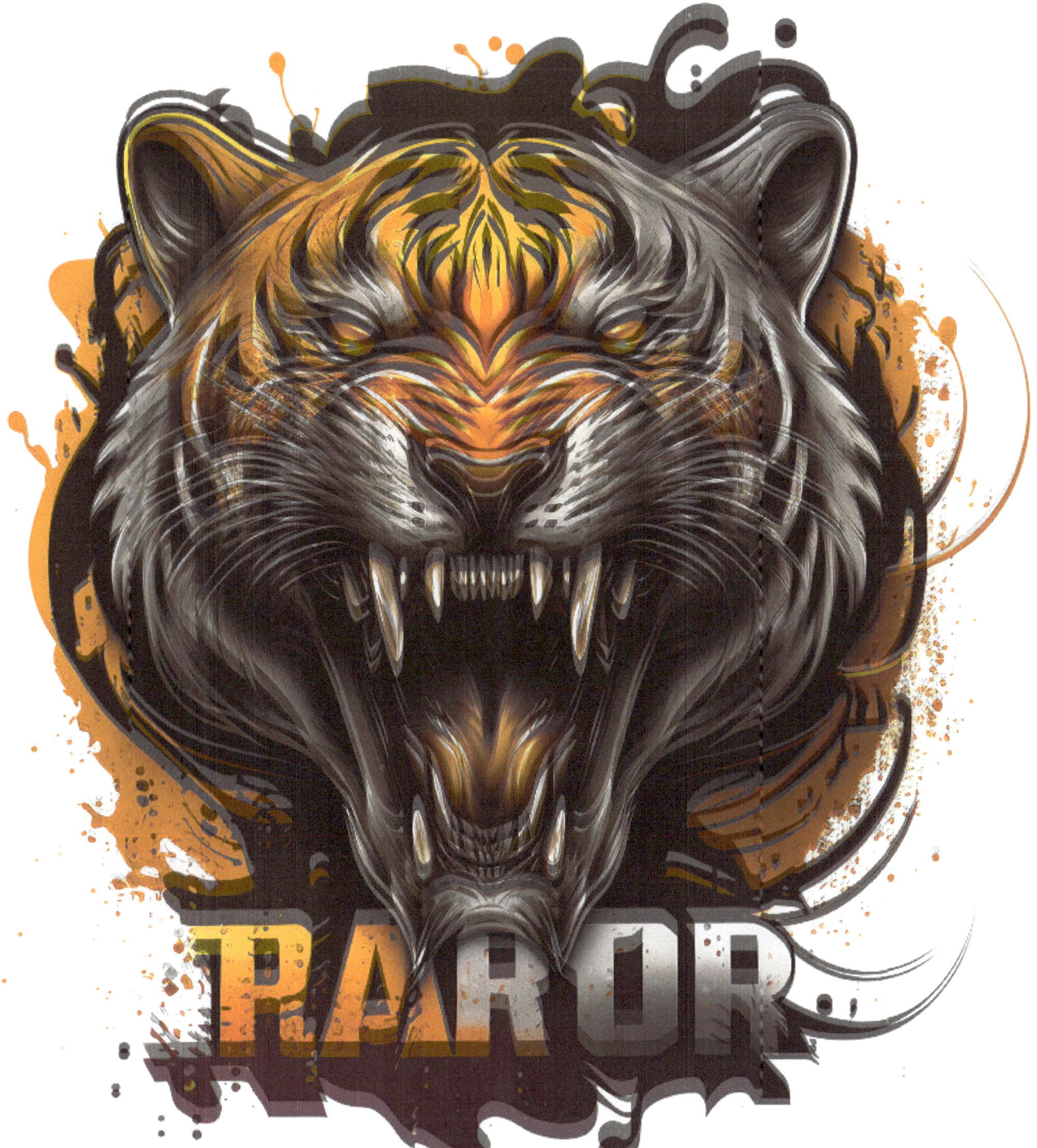
RAROR

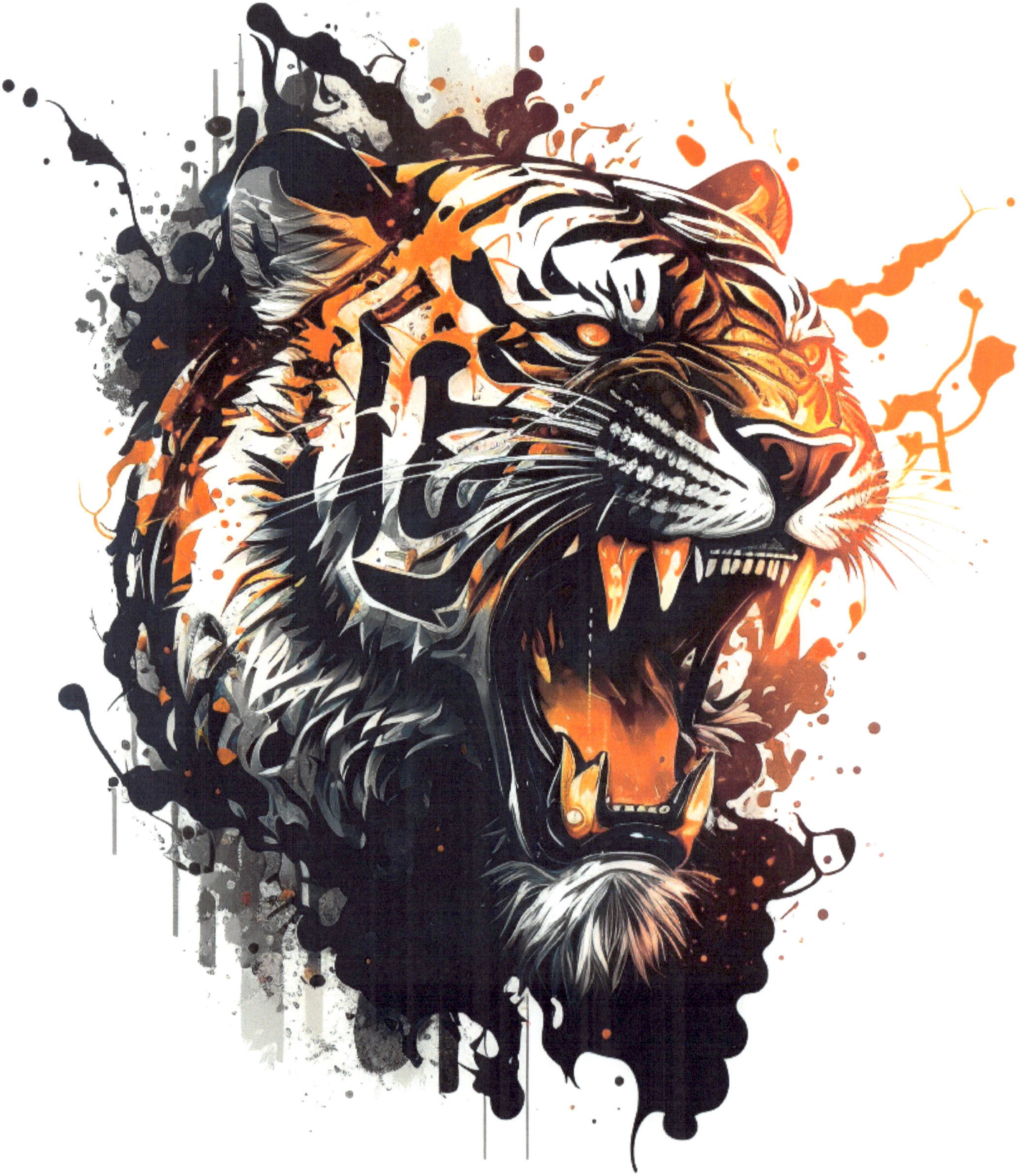

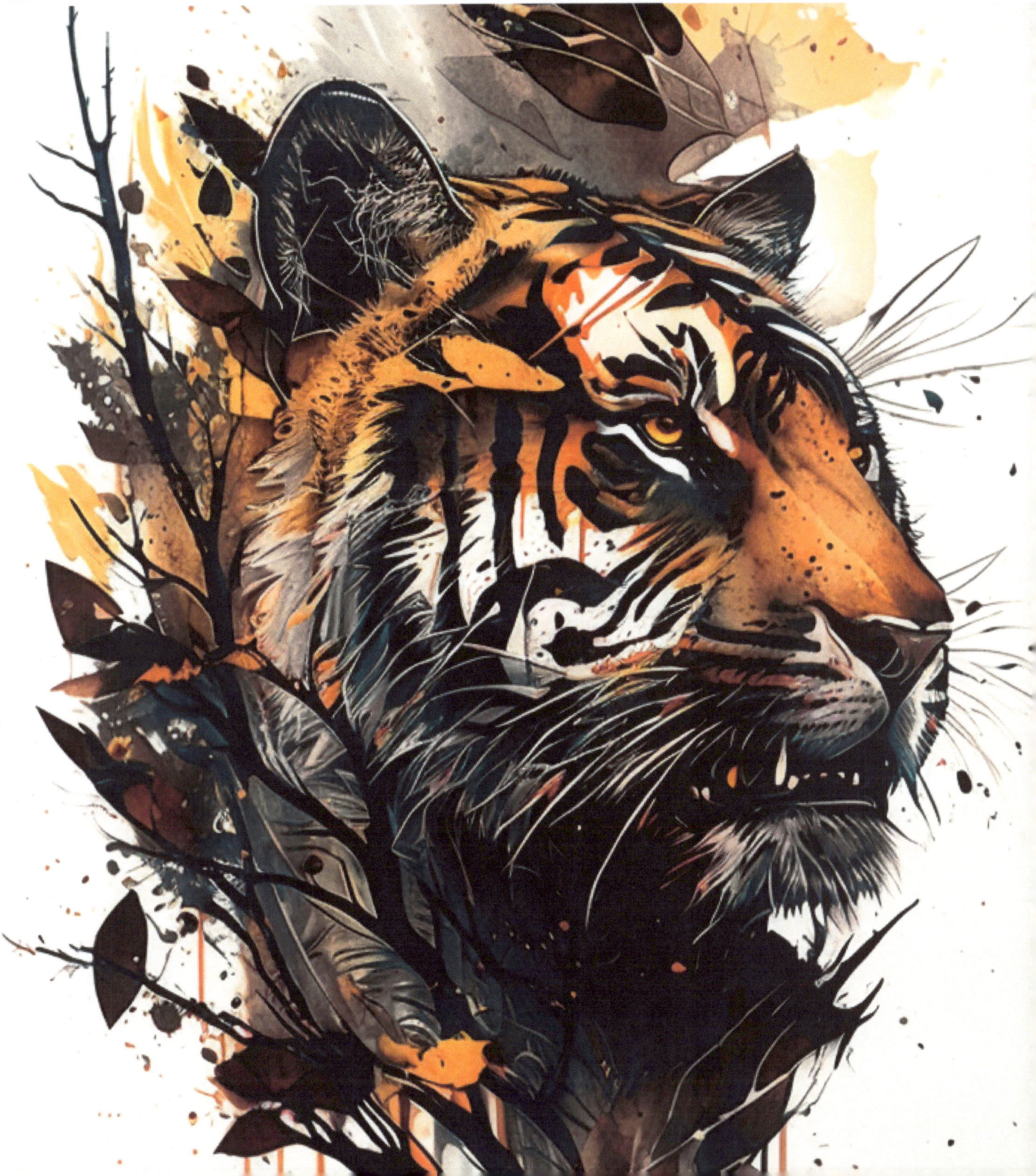

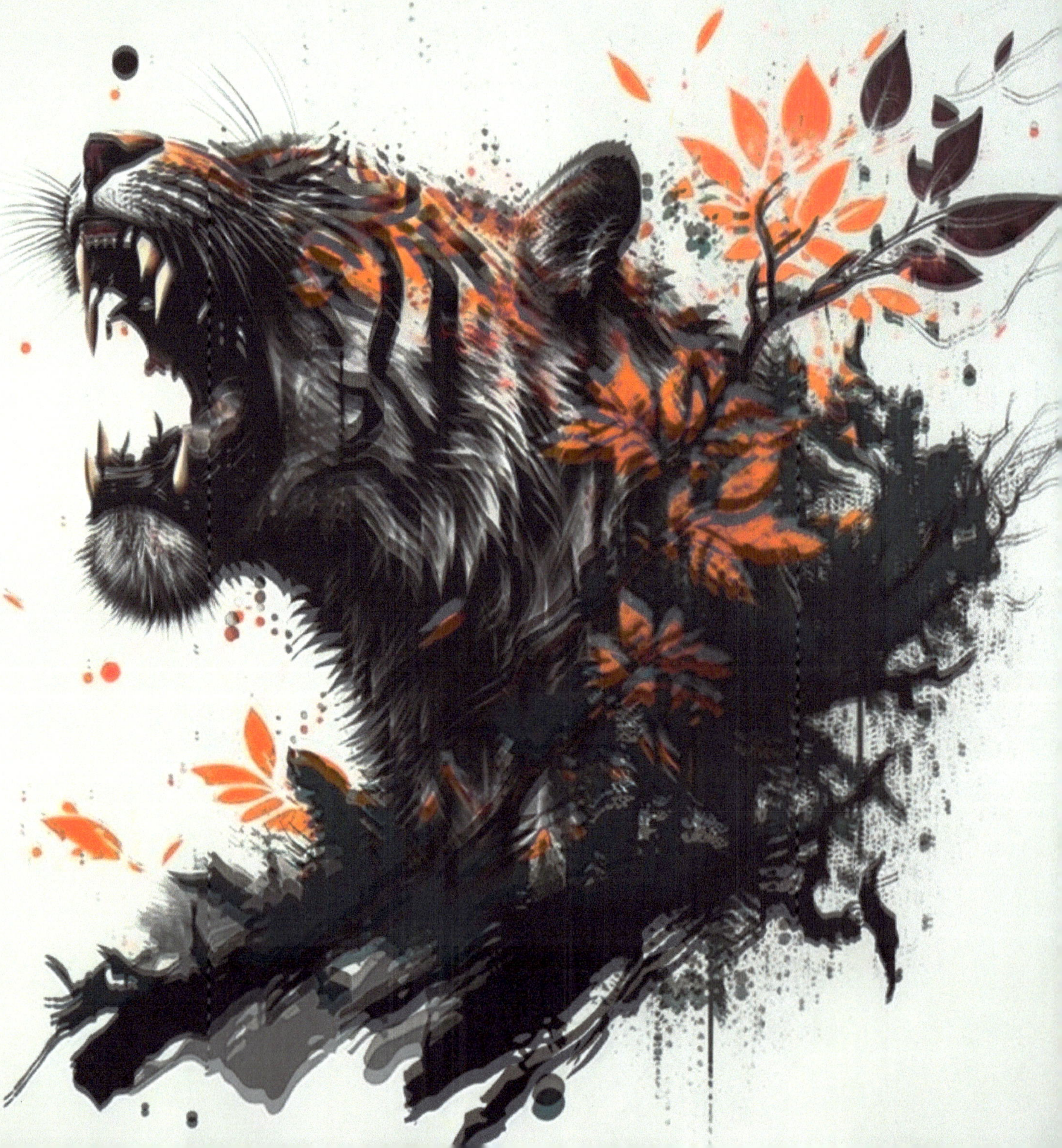

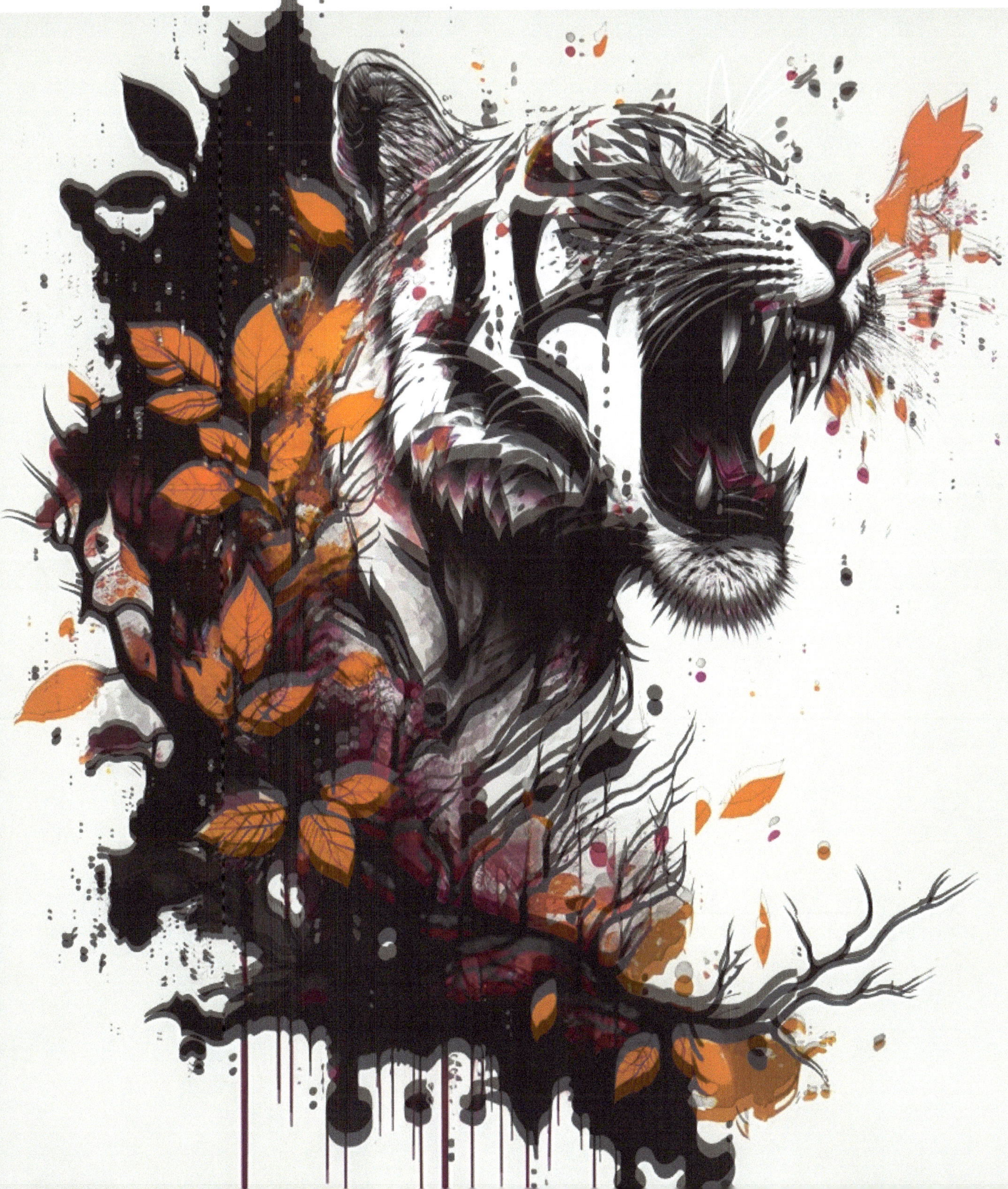

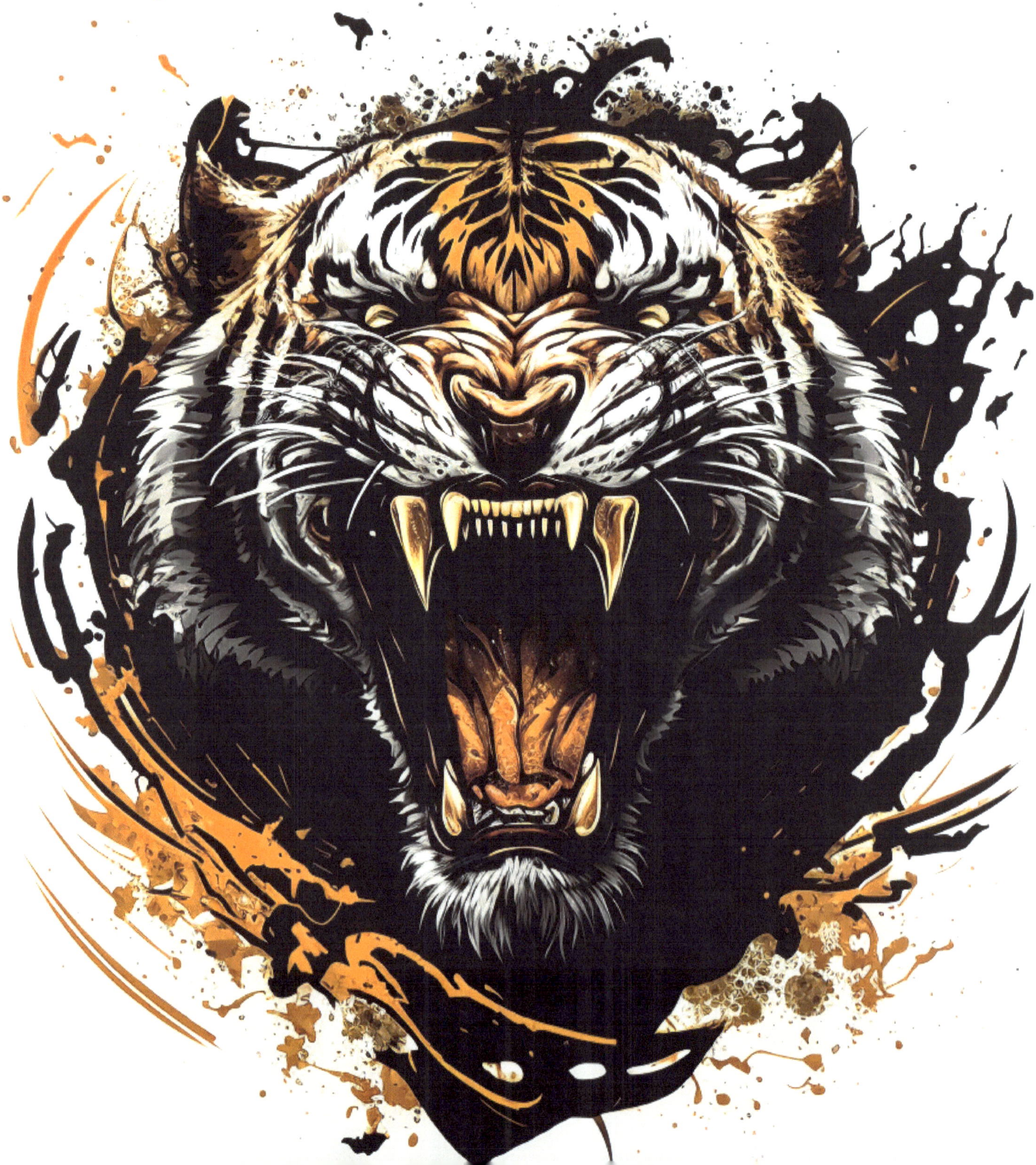

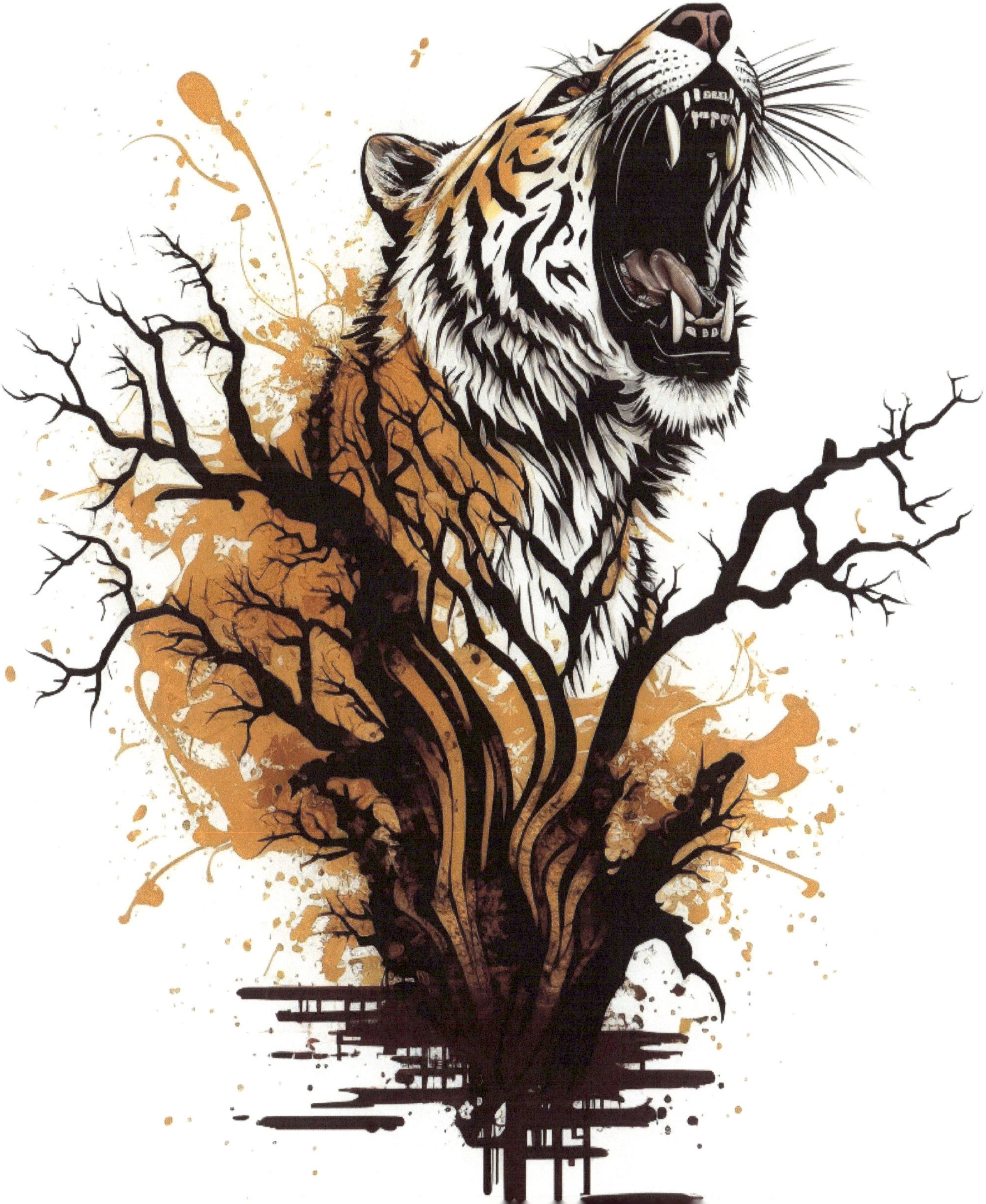

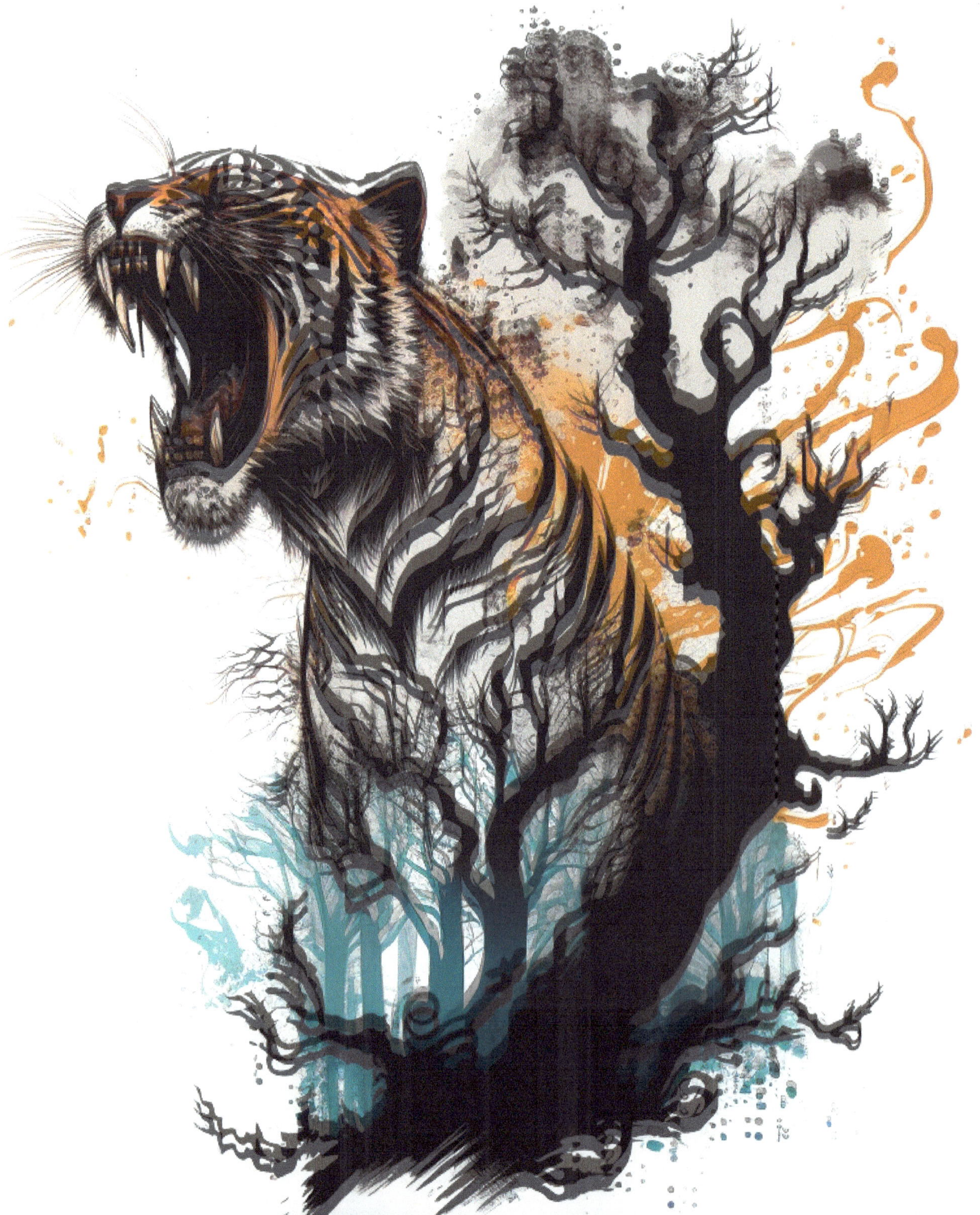

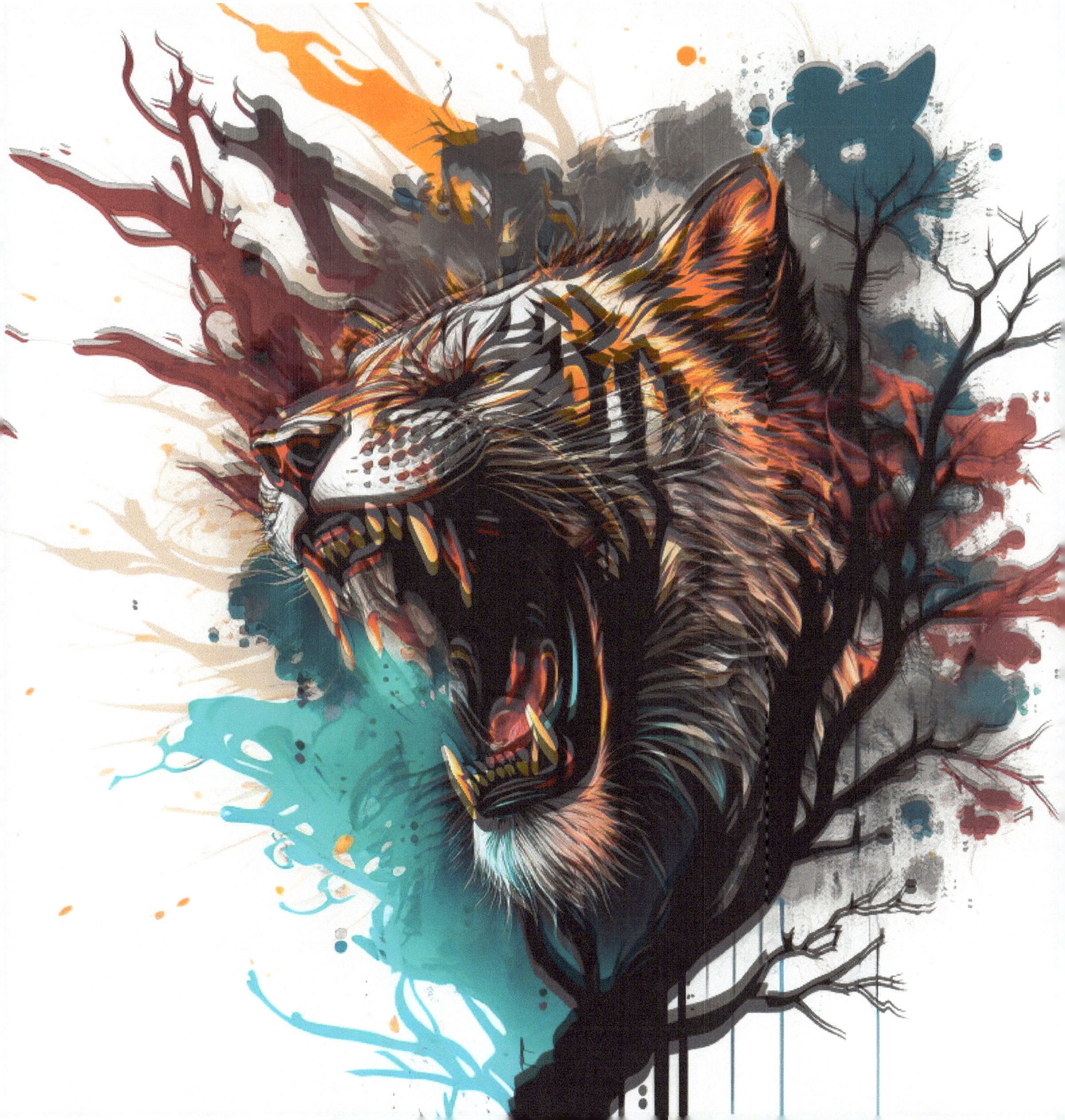

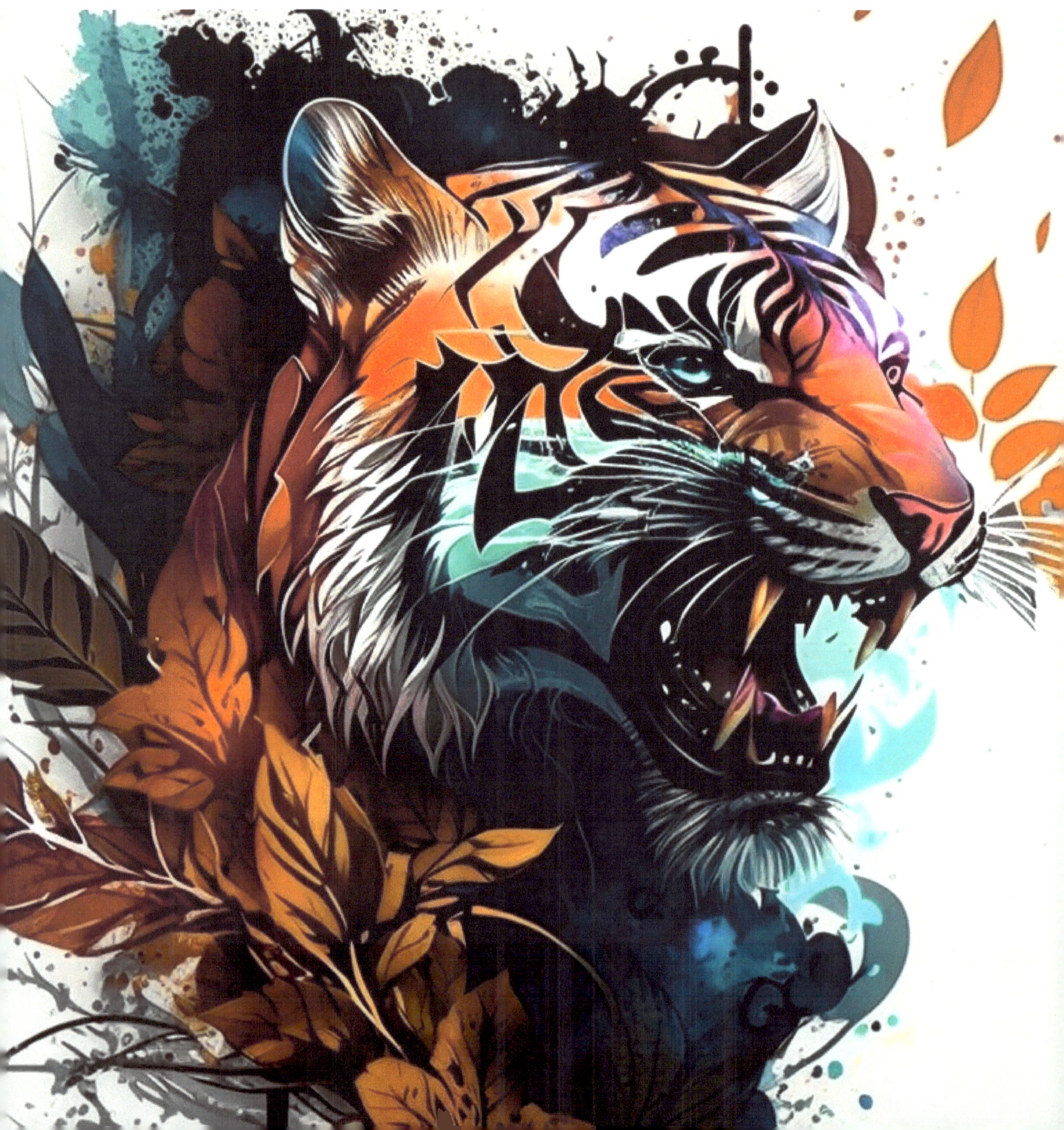

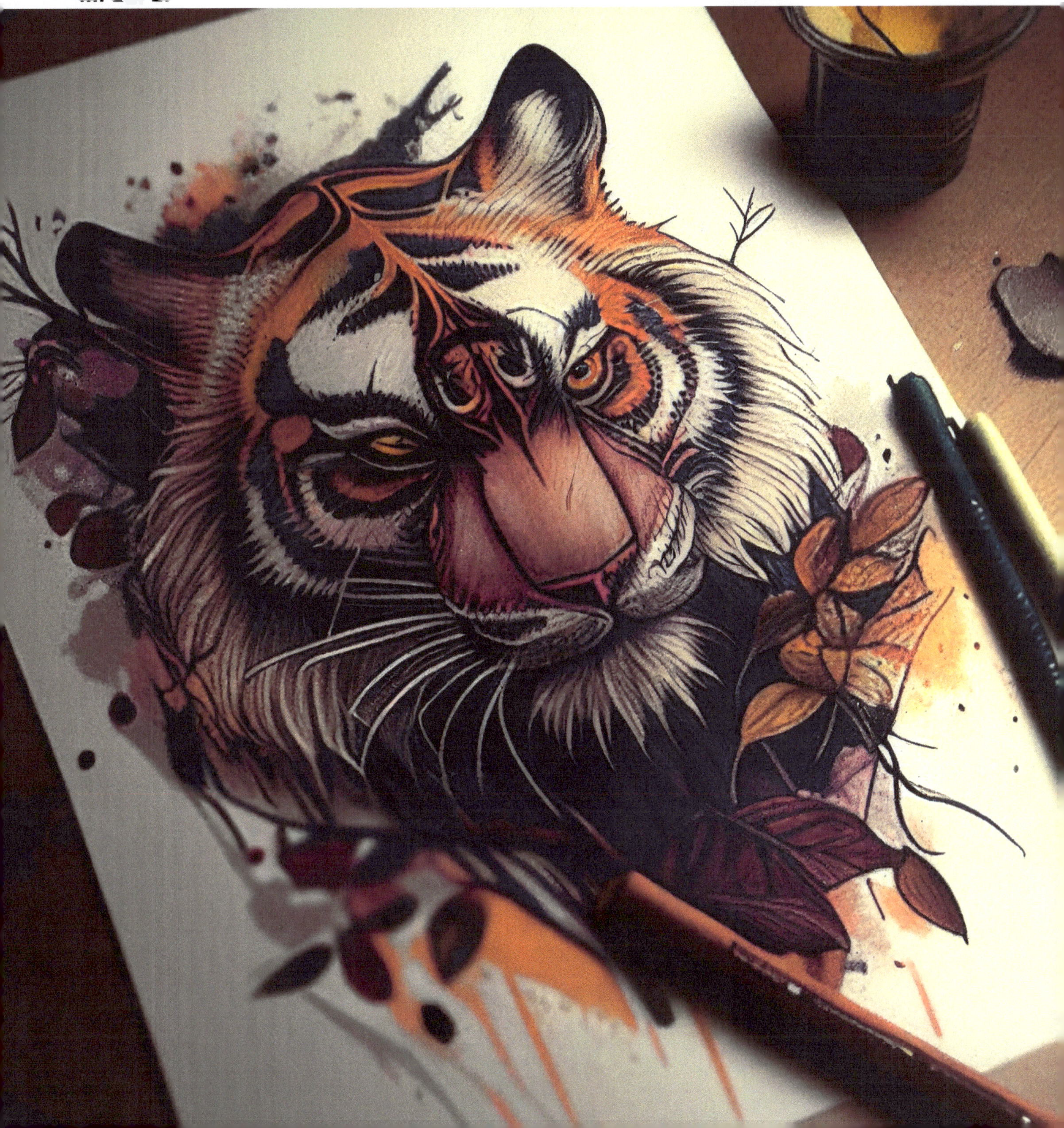

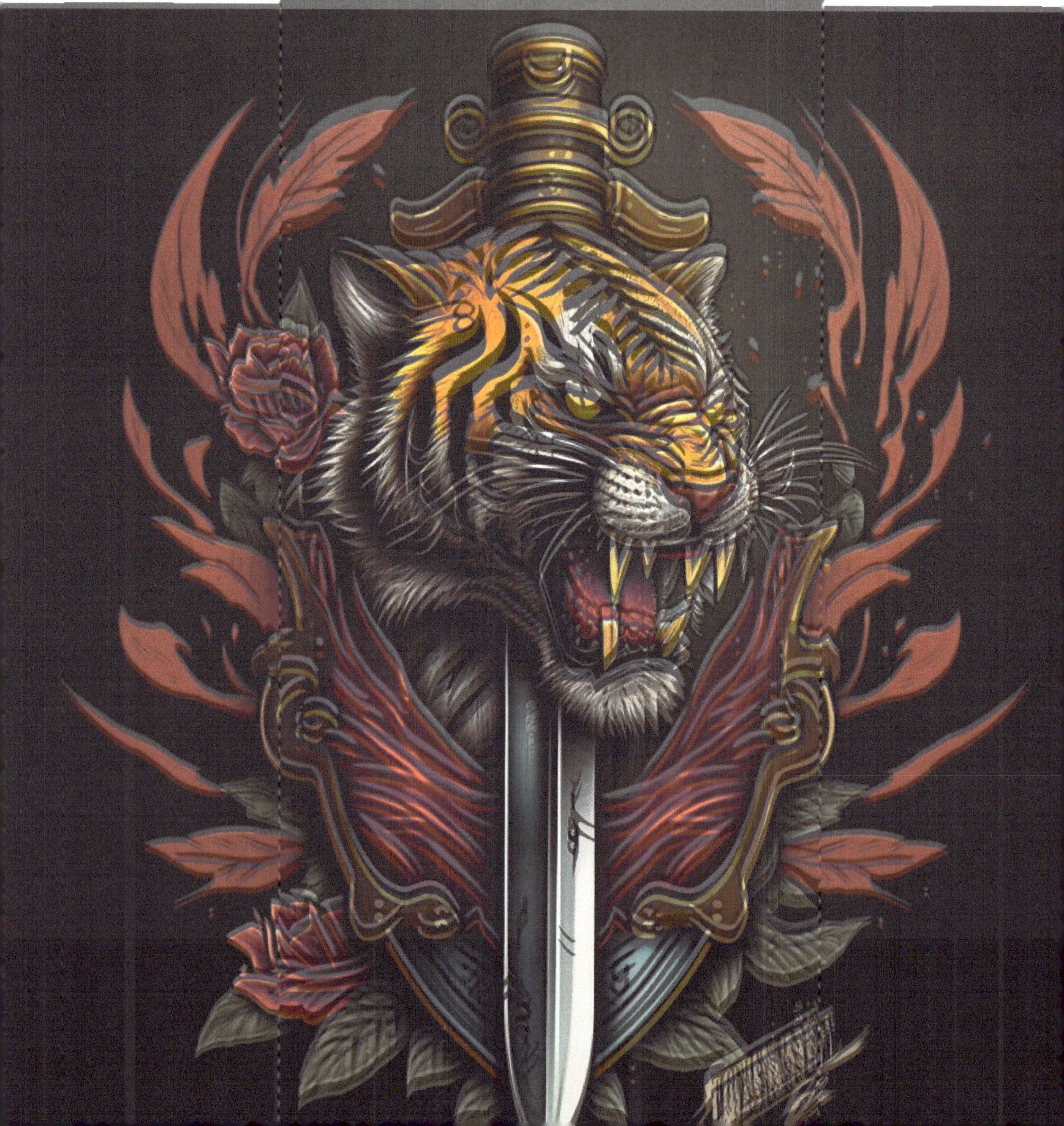

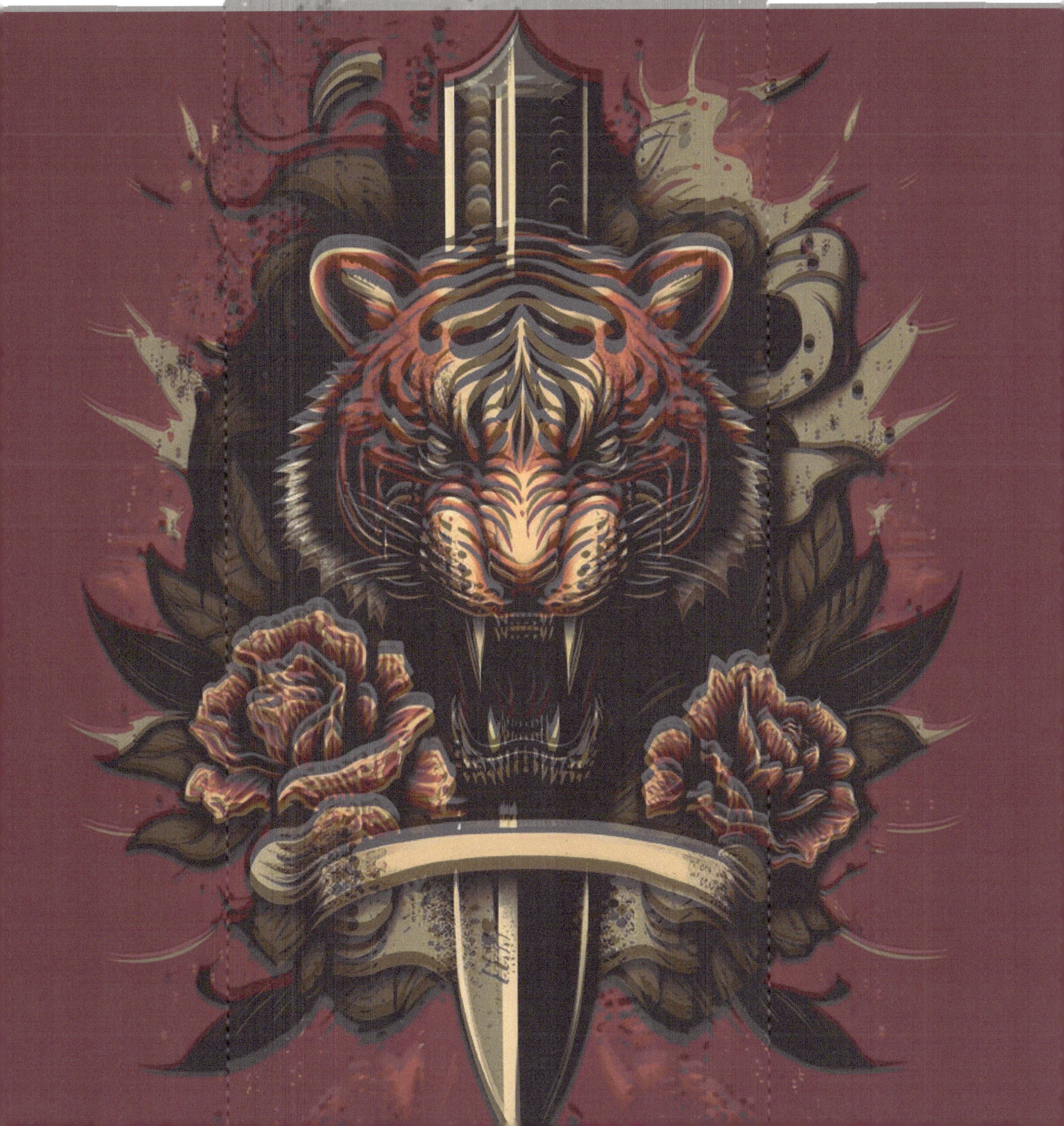

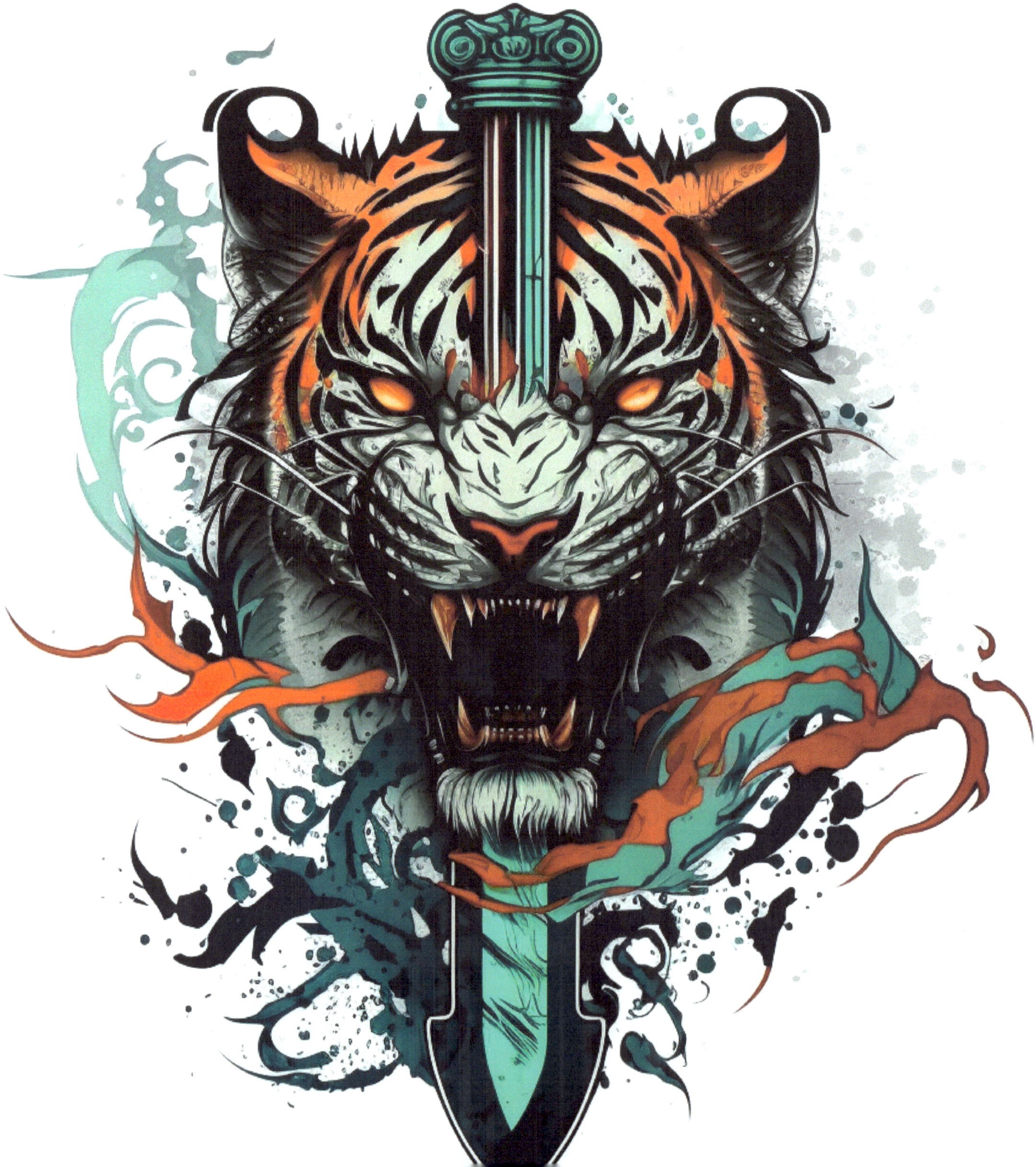

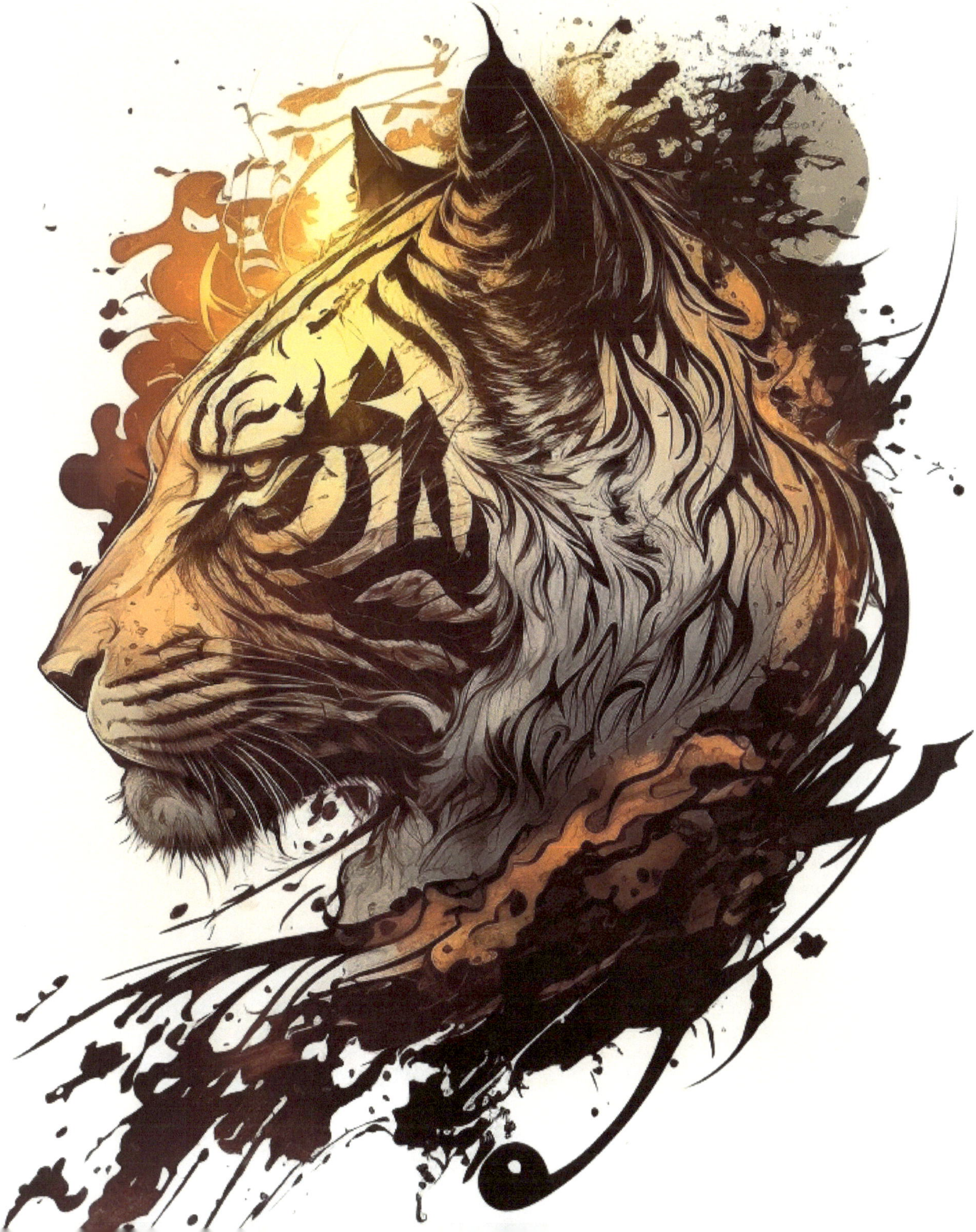

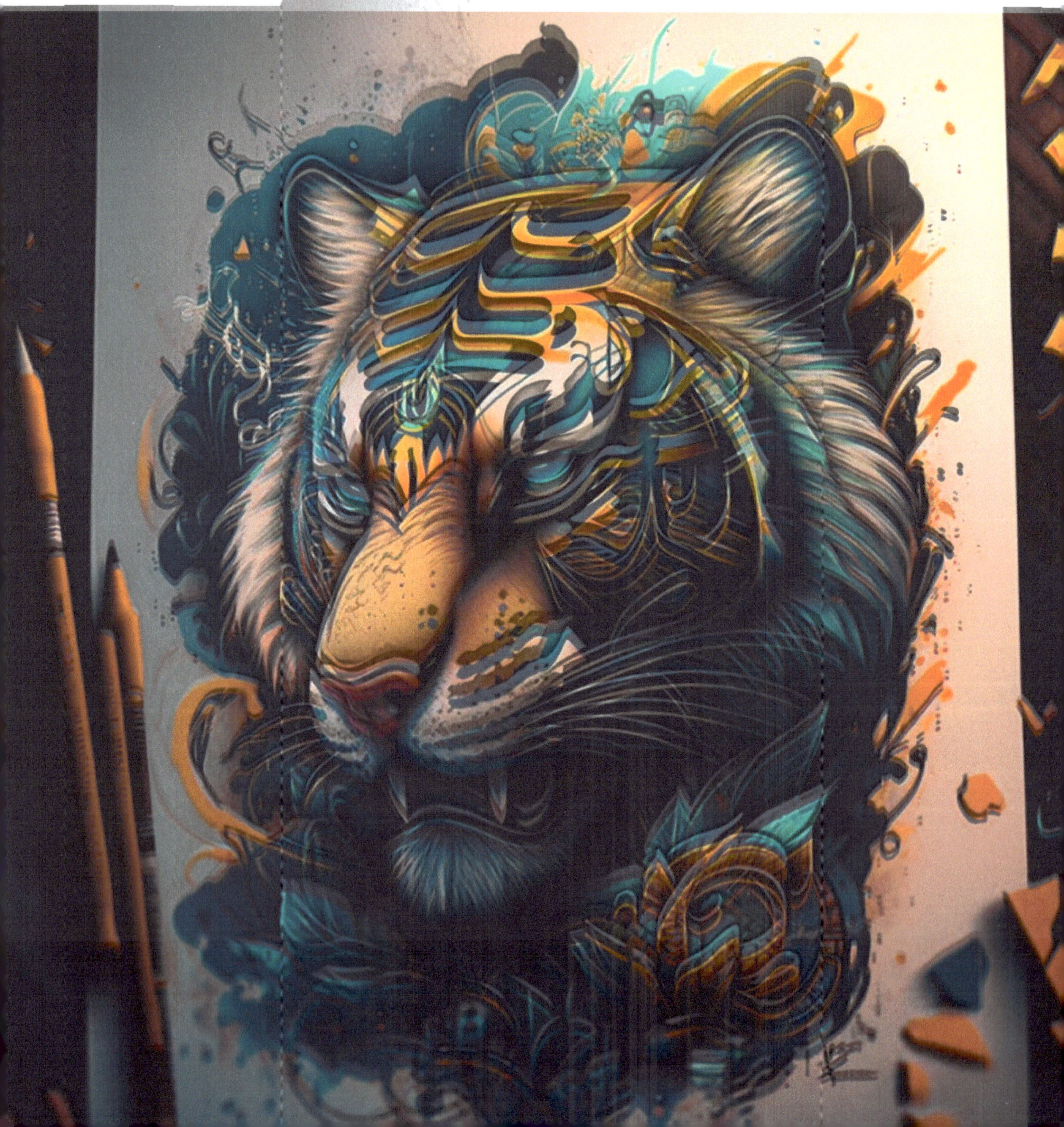

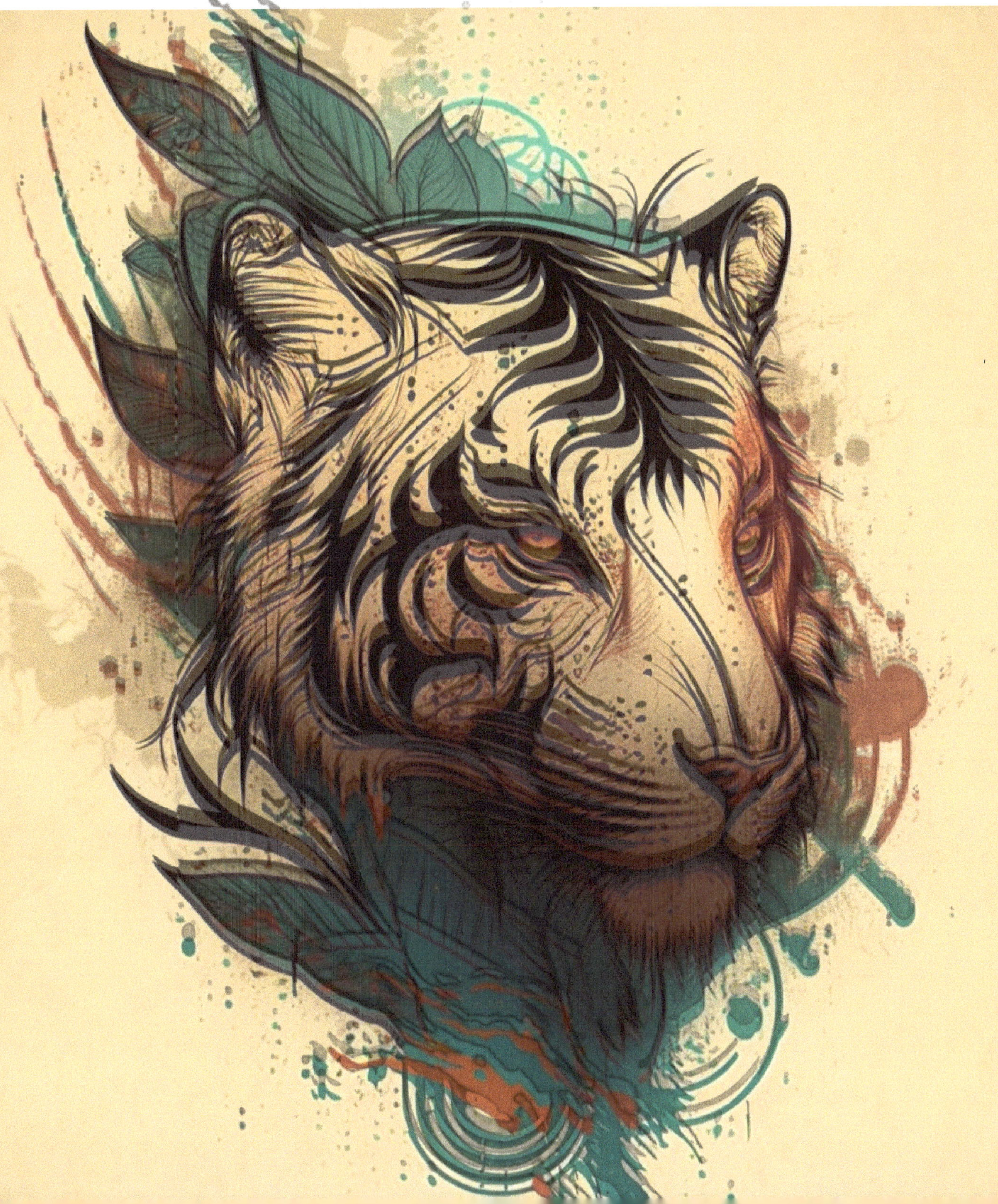

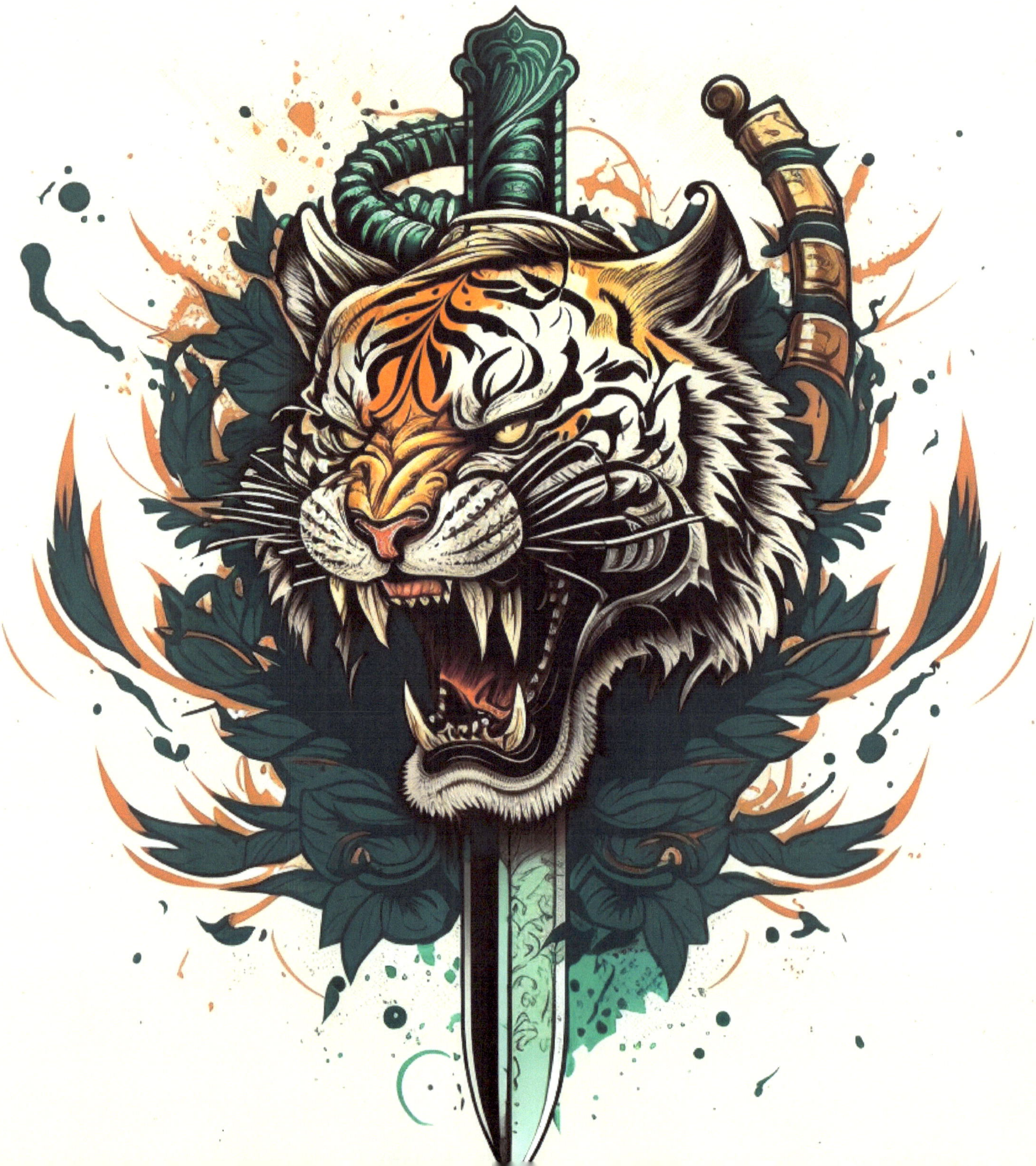

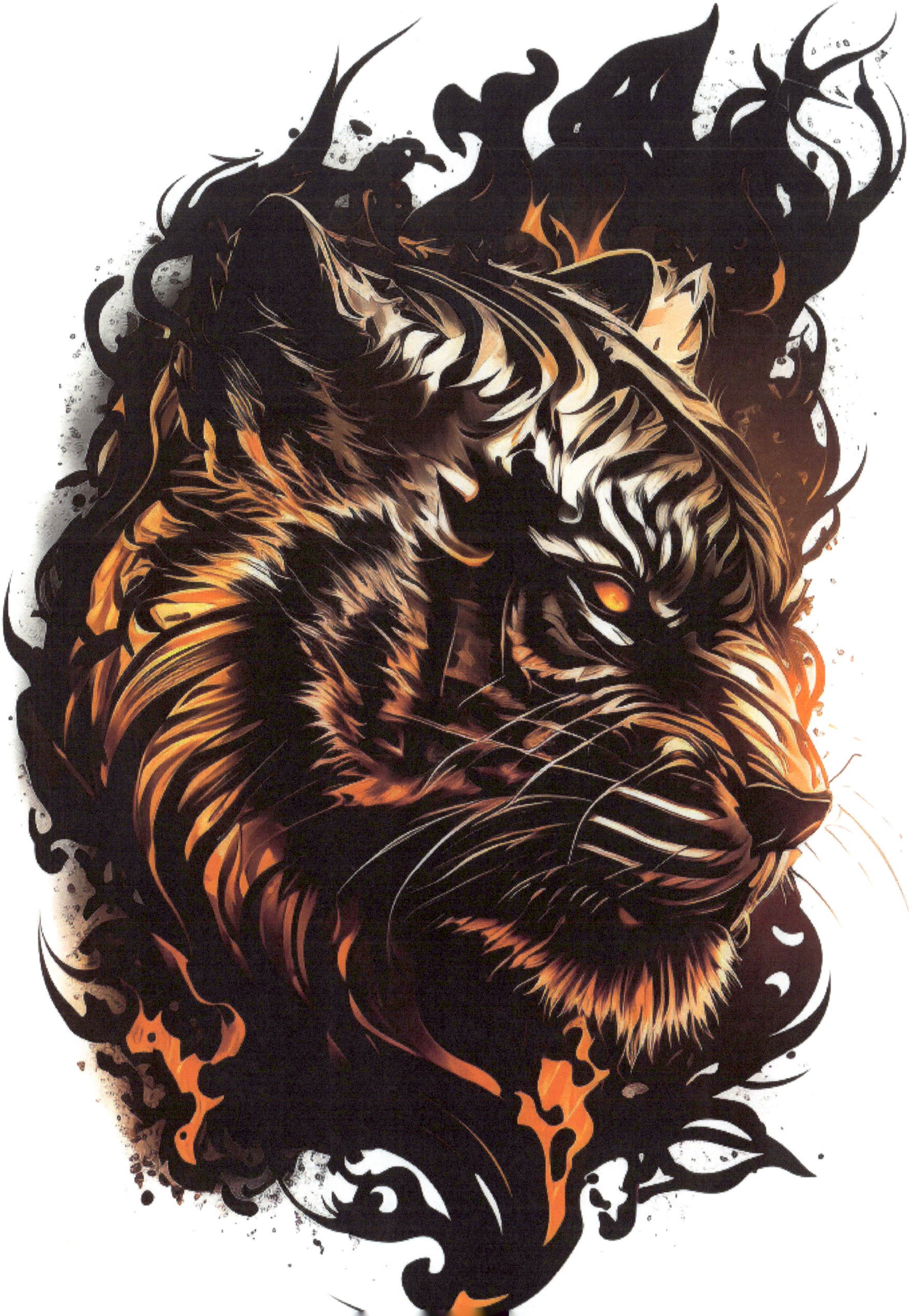

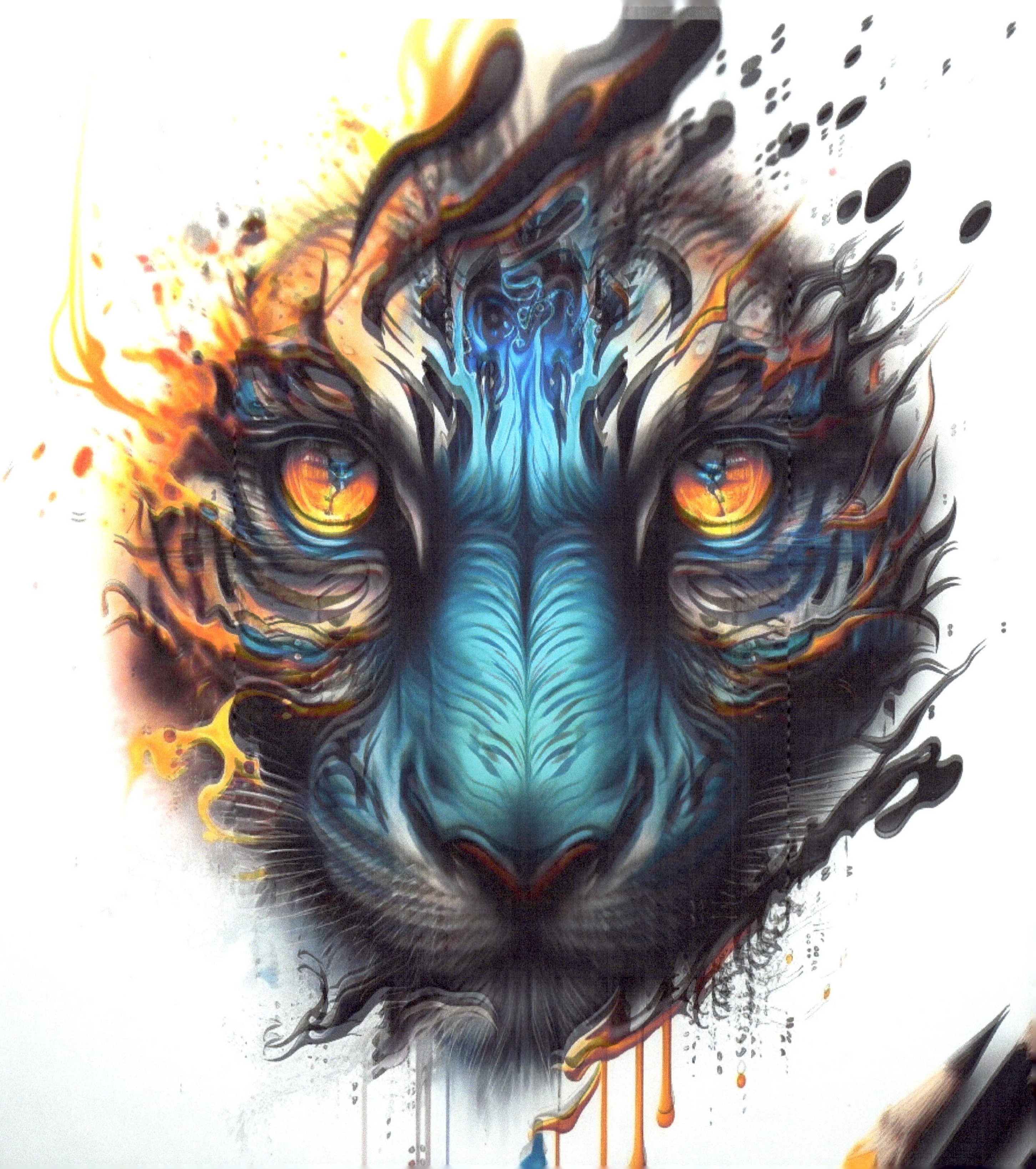

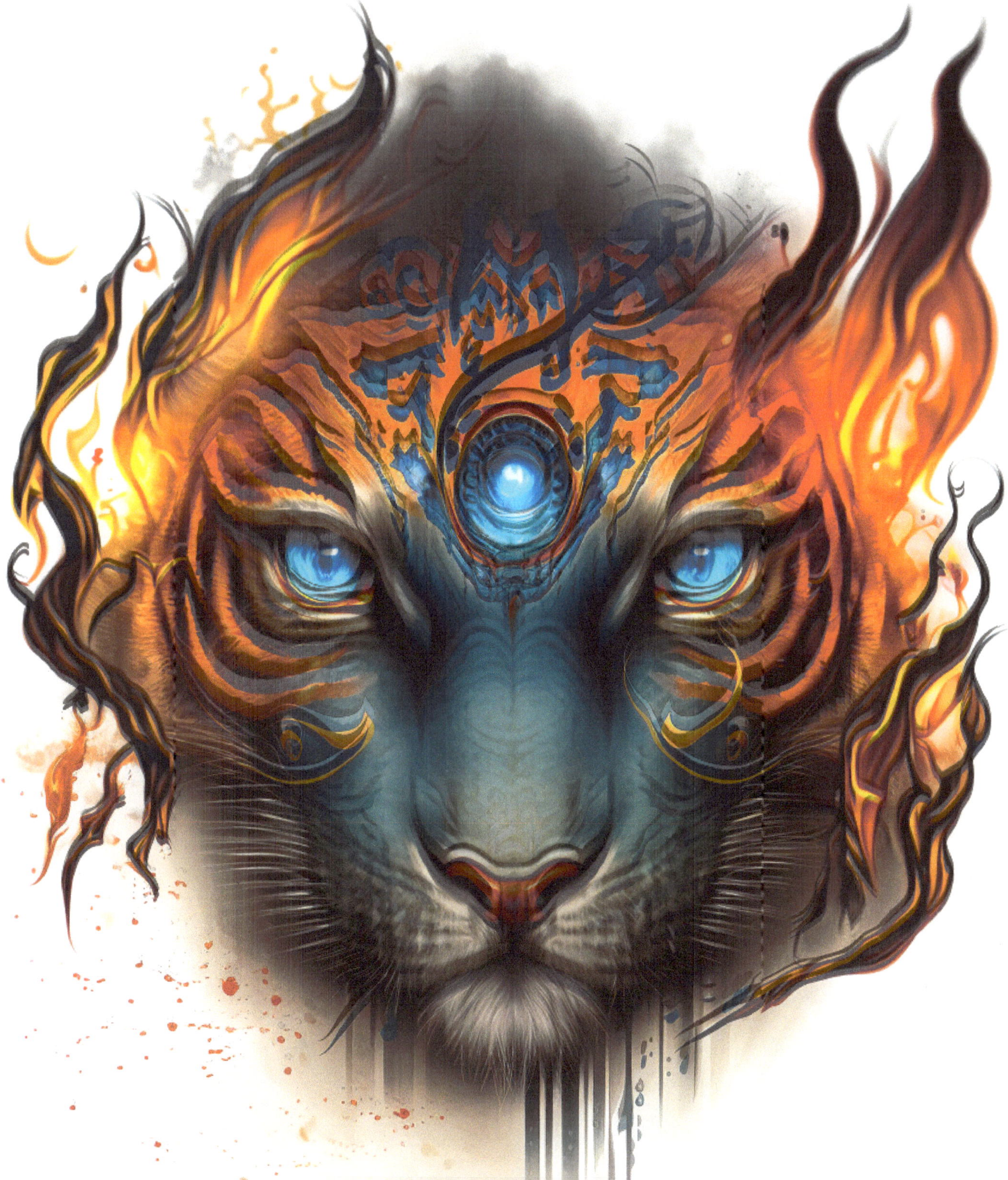

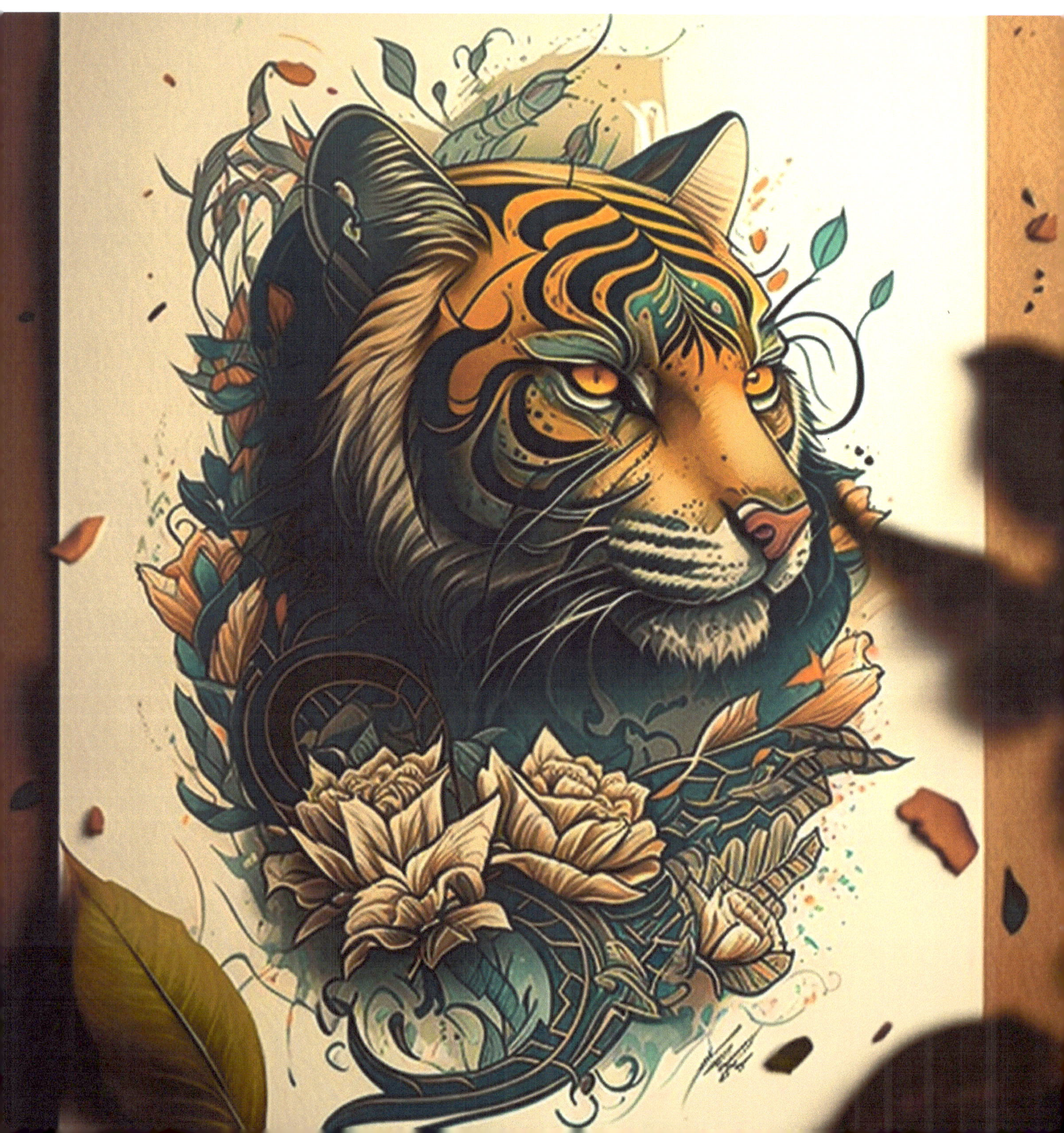

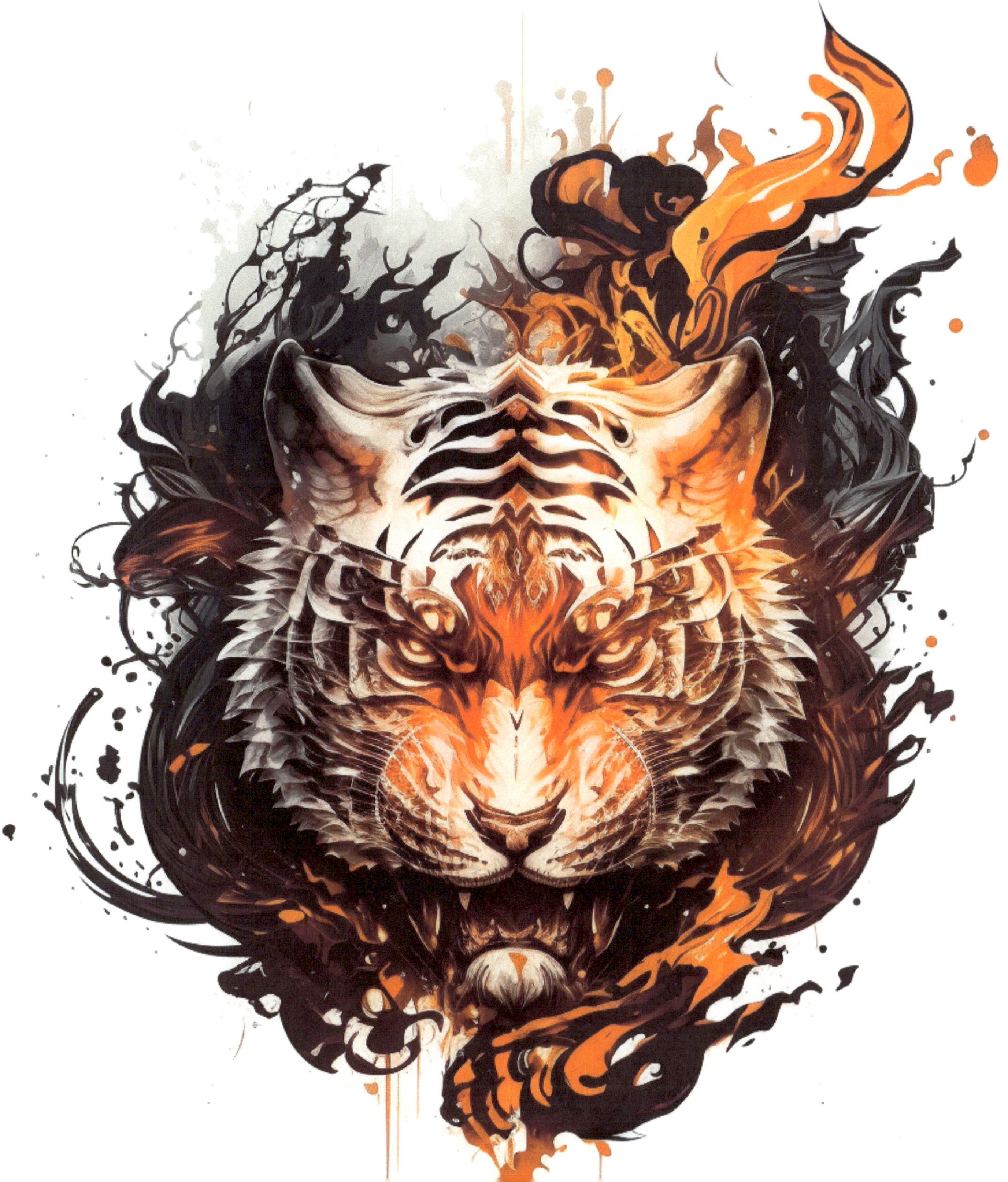

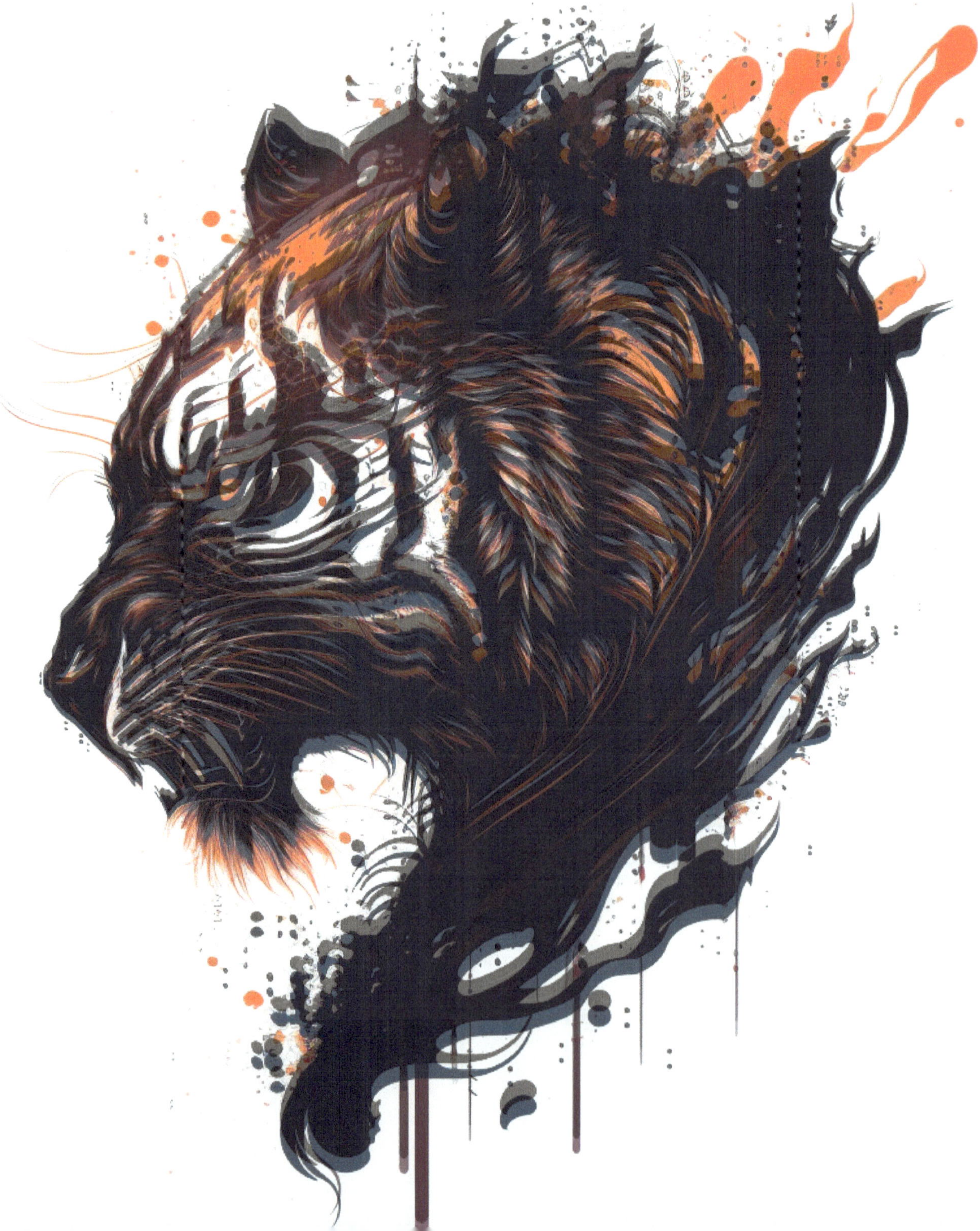

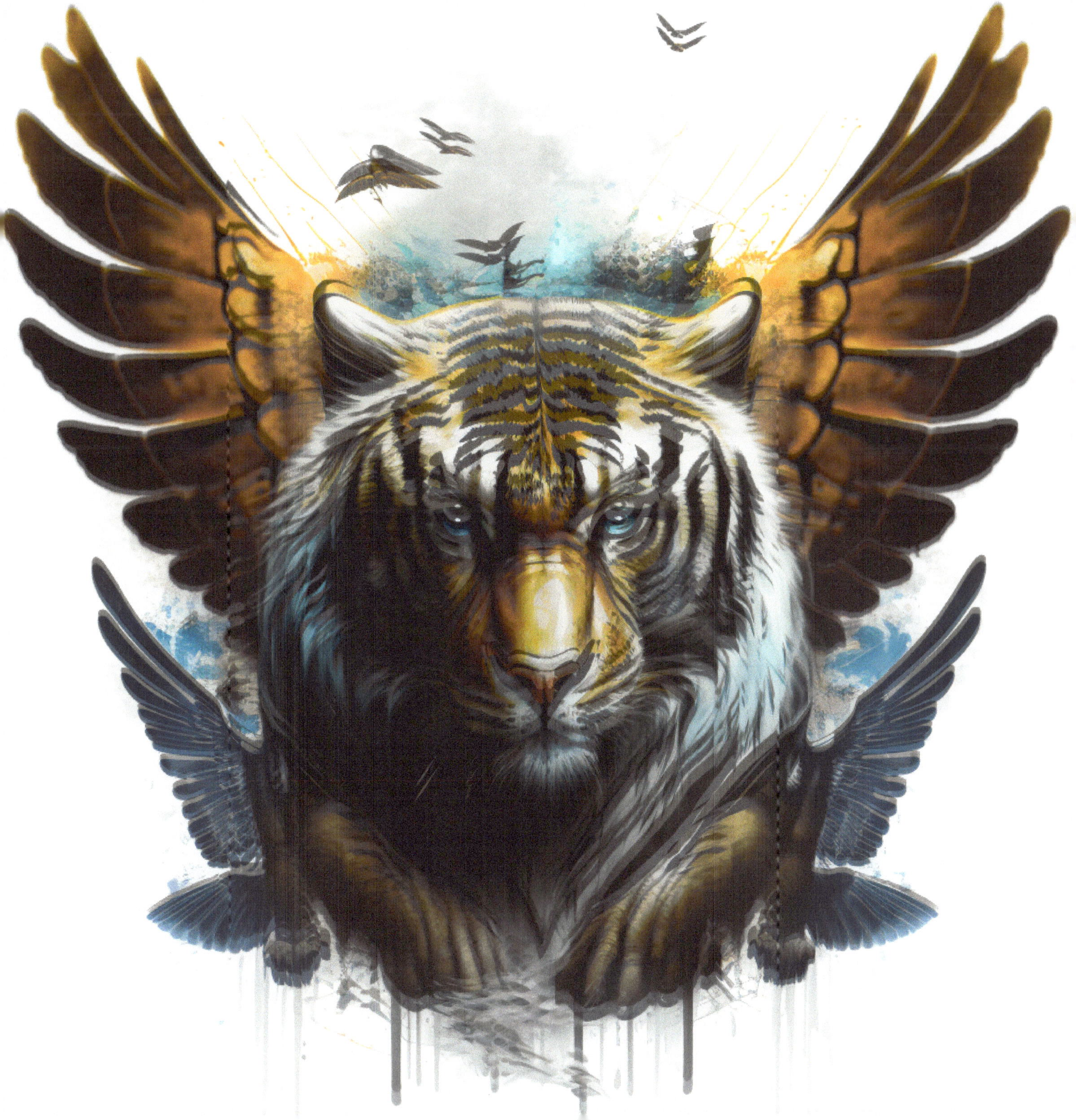

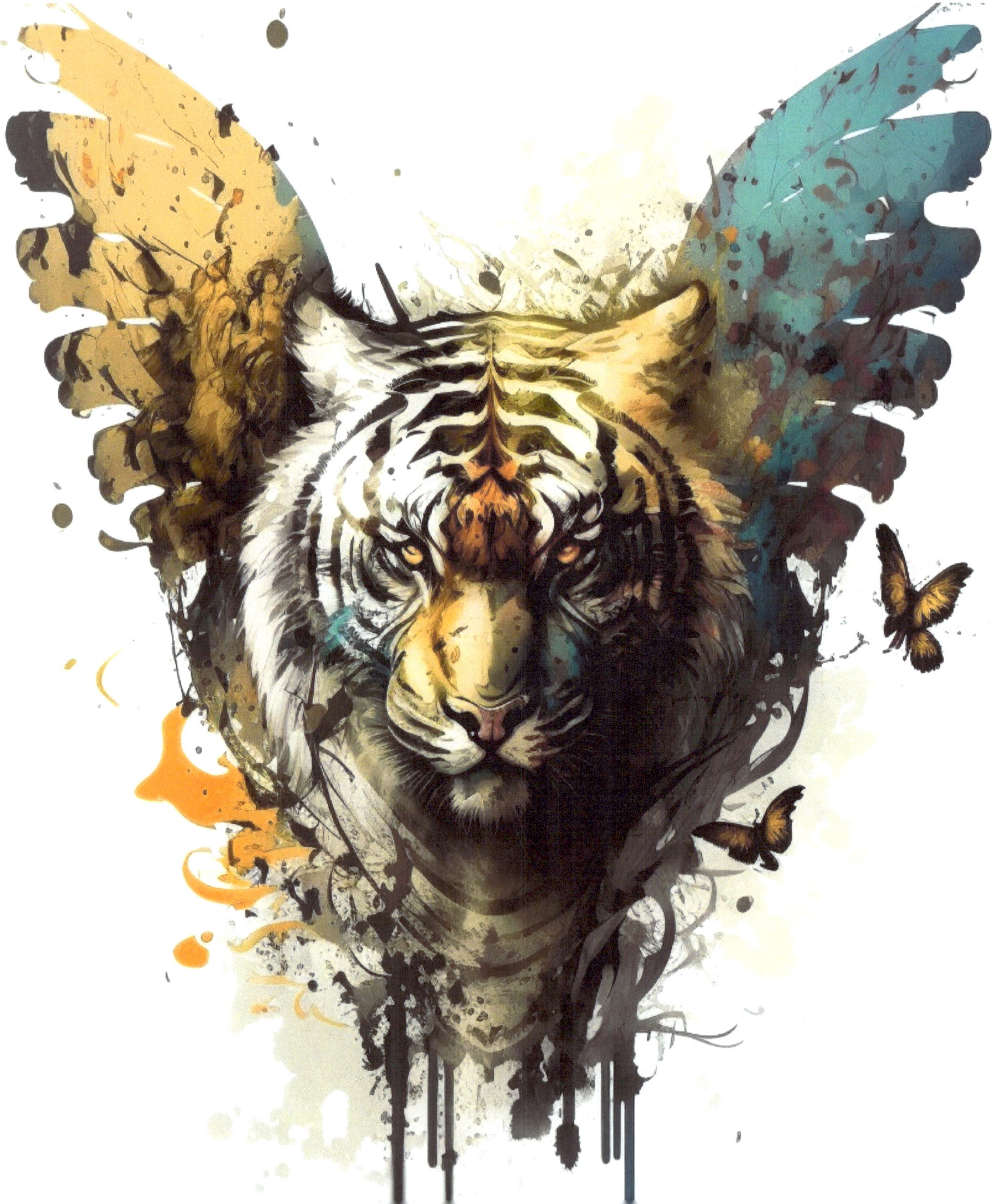

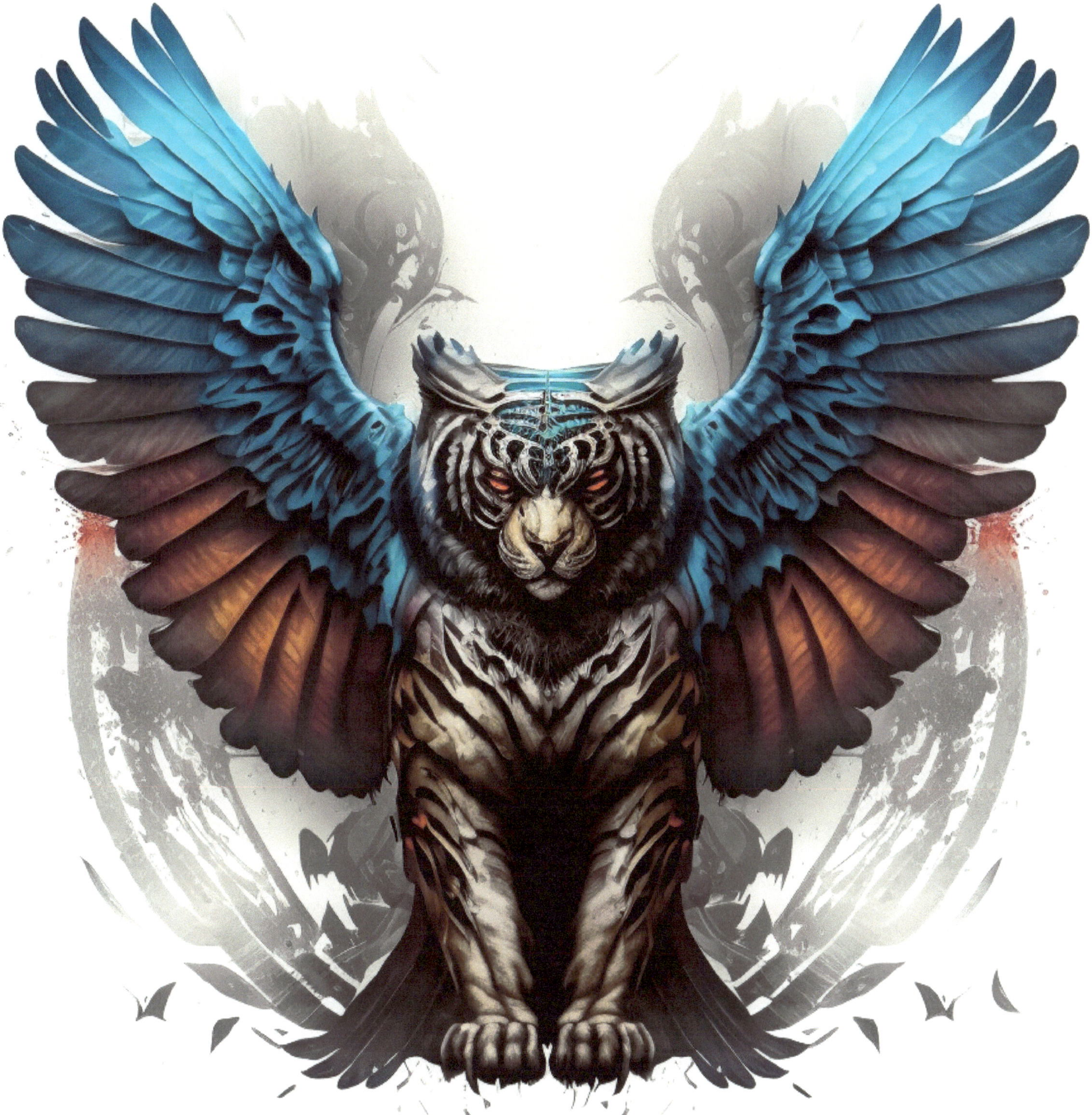

www.ingramcontent.com/pod-product-compliance
Lightning Source LLC
Chambersburg PA
CBHW051920210526
45473CB00006B/2080